Couvertures supérieure et inférieure
manquantes

TRAITÉS EN VERS PROVENÇAUX

SUR L'ASTROLOGIE ET LA GÉOMANCIE

Les deux poèmes provençaux qui forment la matière principale du présent mémoire sont restés absolument inconnus à
tous ceux qui s'intéressent ou se sont intéressés à la littérature
provençale. Il y a cependant bien près de cinquante ans que
Victor Le Clerc les signalait à l'attention des érudits. Dans un
rapport lu au Comité historique le 24 janvier 1848, sur un pro-
jet de feu Mary-Lafon, qui voulait publier un recueil de poésies
provençales, le très savant doyen de la Faculté des lettres de
Paris invitait l'auteur de la proposition à « revoir les textes
donnés par M. Raynouard et les manuscrits de la Bibliothèque
royale, même ceux des fonds latins ». Et il ajoutait : « Ainsi,
dans un manuscrit de l'ancien fonds latin (catalogue imprimé,
t. IV, p. 356, col. 1), à la suite d'ouvrages latins, se lit un
poème provençal sur l'Astronomie, d'après l'Almageste de
Ptolémée [1]. » Le catalogue cité porte seulement : « Traité d'astrologie judiciaire en vers provençaux », ce qui est plus près de
la vérité.

Je doute que Mary-Lafon ait suivi le conseil de Le Clerc : il
était médiocre paléographe et le ms. qui lui était signalé, le
n° 7420 A du fonds latin était bien fait pour décourager de
plus habiles que lui. Le fait est qu'il n'est aucunement question
du poème sur l'astronomie dans les diverses propositions, toutes

---

1. Extrait des procès-verbaux des séances du Comité historique des monuments,
écrits depuis son origine jusqu'à la réorganisation du 5 septembre 1848. Paris,
impr. nat., 1850, p. 369.

12)

mal conçues, qu'il soumit au Comité historique et qui furent uniformément rejetées [1].

L'énoncé du catalogue de 1744 et celui de V. Le Clerc sont l'un et l'autre inexacts. Il y a dans le ms. 7420 *A* non pas un poème, mais deux. Le premier concerne l'astrologie, comme le dit avec raison le catalogue, et non l'astronomie, comme dit Le Clerc. L'auteur anonyme se réclame à la vérité de Ptolémée, mais Le Clerc s'est un peu trop aventuré en disant que la source était l'Almageste. Le second poème est un traité de géomancie. Ce sont des sujets pleins d'obscurités pour qui n'a pas fait une étude spéciale de l'histoire des sciences mathématiques.

A la difficulté inhérente à la matière se joint cette circonstance que l'écriture du ms. est très fine et d'une encre assez pâle, ce qui en rend le déchiffrement excessivement pénible. Aussi me serais-je bien volontiers dispensé de lire ces deux ouvrages et d'en transcrire quelques centaines de vers, si je n'avais l'obligation de leur consacrer une notice dans l'*Histoire littéraire de la France*.

C'est en vue de la préparation de cette notice que j'écris ce mémoire. Il n'est pas possible d'apprécier la langue et le style de ces poèmes sans de longues citations, qui pourront légitimement prendre place dans la *Romania,* mais qui seraient inopportunes dans l'*Histoire littéraire*. Je ne pourrais non plus, dans cet ouvrage, sans m'écarter du plan adopté, décrire en détail le manuscrit auquel le catalogue de 1744 n'a consacré qu'une notice superficielle et par trop incomplète. Or, on verra que l'âge du manuscrit peut être déterminé assez exactement, non pas seulement par l'écriture, qui ne fournirait que des indices peu précis, mais encore par la présence de certains opuscules datés. Et l'âge du manuscrit est l'un des éléments qui peuvent servir à déterminer approximativement l'âge des deux poèmes.

Je vais donc commencer par décrire le manuscrit. On m'excusera si, m'aventurant par nécessité sur un terrain qui n'est pas le mien, je ne dis pas tout ce qu'il y aurait à dire. Du moins aurai-je réussi à signaler quelques opuscules latins, fort peu importants il est vrai, mais qui permettent d'ajouter quelques noms nouveaux à notre histoire littéraire.

1. Notamment en 1854, sur un rapport de M. P. Paris (*Bulletin du Comité de la langue de l'histoire et des arts de la France,* II, 487), et en 1865, sur un rapport de moi (*Revue des Sociétés savantes,* 4e série, II, 193).

I. — DESCRIPTION DU MANUSCRIT.

Le ms. 7420 *A* est en parchemin. Il paraît avoir été écrit tout entier dans le midi de la France, vers l'an 1332 ou 1333, à part quelques additions dont l'écriture dénote le commencement du xve siècle [1]. La date 1332 ou 1333 se déduit de notes écrites par la main du premier copiste au verso du fol. 113, notes qui indiquent la position des planètes le 14 mars 1333 et le 13 mars 1331 [2]. Les plus récents des traités que renferme le manuscrit (abstraction faite des additions) paraissent être le calendrier dressé à Montpellier par le frère prêcheur Pierre Vidal (art. 17) et dédié par lui au pape Jean XXII (1316 à 1334), et le commentaire sur le *Compotus manualis* de Jean « de Pulchro rivo » (art. 7). Ce commentaire a été fait à Toulouse en 1332.

Peut-être est-ce à Montpellier ou à Toulouse que le ms. a été exécuté. En tout cas le copiste était sûrement méridional.

Les dimensions sont pour la hauteur 0,245mm et pour la largeur 0,175 [3]. Les traités latins sont en général écrits sur deux colonnes, les poèmes provençaux, qui sont en vers octosyllabiques, sont écrits sur quatre colonnes. L'écriture est ordinairement très fine. Les poèmes provençaux ont jusqu'à 73 vers à la colonne; les traités latins, dont l'écriture est un peu plus grosse, ont généralement de 60 à 70 lignes. J'ignore l'histoire du manuscrit jusqu'à son entrée à la Bibliothèque du roi [4]. Sur le verso du premier feuillet de garde se lit cette signature qui paraît être du xvie siècle : *Franciscus Ambosius* (sic) *jurisconsultus.* Il y a une foliotation en chiffres romains (xve siècle) qui se poursuit régulièrement jusqu'au fol cvij (qui est le 108e), sauf que les feuillets vj et xlvj ont été doublés. Au lieu d'introduire deux *bis*, j'ai préféré folioter à nouveau, en chiffres arabes, d'autant plus que le feuillet lxxxiv, qui, du reste, était très

---

1. Fol. 34 vo-37 vo, 129 vo, 153 vo-155.

2. 1334 et 1332 selon le style actuel, si l'on suppose que l'auteur de ces notes commençait l'année le 25 mars ou à Pâques.

3. Le nombre des lignes à la colonne étant variable, la largeur des marges varie en conséquence, et, par suite, il n'est pas utile de donner les dimensions prises par l'écriture.

4. En 1719, avec les collections manuscrites de Baluze dont il faisait partie.

probablement blanc, a été coupé. Après le fol. cvij, la foliotation recommence à clxxx et se poursuit sans interruption jusqu'à la fin. Est-ce une erreur de numérotation, ou bien faut-il supposer une lacune de 72 feuillets entre les feuillets cvij et clxxx? Le texte, à la vérité, ne laisse paraître aucune interruption de sens, mais c'est parce que le fol. cvij (108) contient une table des fêtes mobiles qui est complète en soi et que le fol. clxxx (109) commence avec le premier des deux poèmes provençaux. De plus, le fol. cvij termine un cahier, et le fol. clxxx en commence un autre. Il est donc possible et même probable qu'il manque six cahiers de douze feuillets entre les ff. cvij et clxxx. Cette lacune doit être ancienne, car il y a une autre numérotation par colonnes, qui semble avoir été mise à la fin du xvie siècle, et qui se réfère à l'état présent du manuscrit.

Je vais actuellement passer en revue les traités que renferme ce manuscrit.

1. Introduction d'un commentaire sur le Grécisme d'Évrard de Béthune [1].

(Fol. 1) *Quoniam ignoran* [2]. Cum nullum sit... principium cujus ortum causa legitima non precedat [3], ideo in isto libro causa quadruplex videatur, scilicet causa efficiens, materialis, formalis et finalis...

2. *Massa compoti*, par Alexandre de Villedieu. Ce poème, où abondent les vers mnémoniques, a été souvent cité au moyen âge, sans indication du nom de l'auteur [4]. L'*Histoire littéraire* (XVIII, 207) lui a consacré quelques lignes. J'en

1. Je n'ai pas trouvé ce commentaire dans les exemplaires manuscrits du Grécisme que j'ai consultés. Il est certain, que dès le xiiie siècle, cet ouvrage a été commenté par divers professeurs. M. Wrobel, dans sa récente édition du Grécisme (1889), ne souffle mot de ces commentaires, sur l'un desquels on peut voir *Hist. litt.*, XXX, 294.

2. C'est le début du prologue (en prose) du Grécisme : « Quoniam ignorantie nubilo turpiter excecati... »

3. C'est l'axiome de Platon cité plus loin, au début de l'art. 7. Un commentaire sur le Doctrinal d'Alexandre de Villedieu, signalé par Thurot (*Notices et Extraits*, XXII, 2e partie, p. 52), commence à peu près de même.

4. Par ex. les vers *Si per quindenos*, cités par Du Cange sous INDICTIO, sont empruntés à la *Massa compoti* (fol. 11 c de notre ms.).

extrais les vers sur les occupations des douze mois, sujet qui a
fourni, depuis le XIIᵉ siècle au moins, une matière abondante
aux poètes et aux artistes [1] :

> Pocula Janus amat et Februarius « algeo » clamat ; (f. 6)
> Marcius arva fodit, Aprilis florida prodit ;
> Ros et flos nemorum Mayo sunt fomes amorum ;
> Dat Junius fena ; Julio resecatur avena ;
> Augustus spicas, September colligit uvas
> Seminat October, spoliat virgulta November ;
> Querit habere cibum porcum mactando December.

Début du commentaire :

(*Fol.* 2) Testante Philosopho in libro Posteriorum, in unoquoque rerum
genere... [2].

Début du prologue de l'auteur :

(*Fol.* 3) Licet modo, in fine temporum, plures constet haberi codices qui de
arte calculatoria videantur posse sufficere delicatis lectoribus...

Début du poème :

(*Fol.* 4) Aureus in Jano numerus clavesque novantur...

Suivent (fol. 21 à 25) divers tableaux servant à déterminer
les fêtes mobiles.

3. Calendrier, occupant la première colonne de chacune des
pages contenues dans les feuillets 26 à 28. J'y relève quelques
mentions d'où il est permis de conclure que ce calendrier est
d'origine auvergnate ou limousine : 7 janvier, *Tillonis monachi
conf.* (saint Théau, moine de Solignac) ; 10 oct. *Translatio sancti
Martialis* ; 13 oct. *Geraldi conf.* ; 5 nov. *Colsaldi conf.* ; 6 nov.
Leonardi (saint Léonard de Noblat.)

---

1. On trouvera à ce sujet quelques rapprochements dans le mémoire de
M. Morel-Fatio sur le roman espagnol d'Alexandre, *Romania*, IV, 80. Les
descriptions des occupations des douze mois ont pour point de départ des
représentations figurées qui remontent assez haut dans le moyen âge. On
peut citer celles du portail de l'église, maintenant détruite, de Saint-Ursin, à
Bourges (reproduction partielle dans le *Dict. d'architecture* de Viollet-le-Duc,
VIII, 203, cf. Buhot de Kersers, *Statist. monum. du Cher*, Bourges, p. 227),
et du portail de la Madeleine de Vézelai, l'une et l'autre de la première
moitié du XIIᵉ siècle.

2. Dans un ms. de la Bibl. Mazarine (catalogue de M. Molinier, nº 634),
ce commentaire est daté, à la fin, de l'année 1255.

4. Comput en vers latins par Jean de Costa écrit en face du calendrier précédent, sur la seconde colonne des pages. Je ne trouve pas ce nom dans le Répertoire de M. l'abbé Chevalier. Le même ouvrage se rencontre anonyme dans les mss. Bibl. nat. lat. 8317 et 8429 A, et aussi dans le ms. 638 de Metz (cat. Quicherat). Il est placé sous le nom d'un certain « magister Anianus », dans Arsenal 1444, fol. 173. Ce n'est pas une composition bien originale. J'y ai remarqué beaucoup de vers qui sont déjà dans la *Massa computi* d'Alexandre de Villedieu.

(Fol. 26) *Incipit compotus manualis metricus secundum magistrum Johannem de Costa.*

> Compotus est talis proprie dictus manualis,
> Leva manus totum nobis facit hunc fore notum.

Suit, fol. 29 r°, une note, entremêlée de vers techniques, sur le cycle solaire. Au verso du même feuillet, un tableau accompagné de cette rubrique : « Hec est tabula principalis Gerlandi, continens ciclos solares et decemnovenales et litteras tabulares. » En face (fol. 30 r°), un autre tableau intitulé : « Hec tabula dicitur contratabula Gerlandi ».

5. Comput, en prose entremêlée de vers mnémoniques, par Baudouin de Mardoc, accompagné d'un commentaire. Mentionné par Fabricius, d'après Sanderus (*Bibl. Belg.*, p. 203), sous le nom de BALDUINUS DE MARROCHIO. Il y en a un ms., sous le nom de BALDOVINUS DE MARDOCHIO, à la Bibl. nat., latin 7998, et un autre à la Laurentienne (Bandini, IV, 133).

(Fol. 30 v°) *Incipit tractatus compoti manualis magistri Baldowini de Mardochio, continens 3 capitula. Primum est ad sciendum diem mensis et festa sanctorum.*

Ad habendum in manu prompte et sine inspectione kalendarii in quo die mensis sis, et festa sanctorum, et cujus etatis sit luna...

6. Le traité d'algorisme qui suit est de la main du xv⁰ siècle signalée plus haut. Il est écrit à lignes pleines et non pas comme les opuscules qui précèdent et ceux qui suivent, à deux colonnes. C'est un traité fort élémentaire dont le prologue fait connaître suffisamment le contenu.

(Fol. 34 v°) *Ars algorismi projectiva.*

Omnia que a primeva rerum origine mondi (*sic*) processerunt, sub numero pondere et mensura formata sunt. Siquidem Divinitas consistit in Trinitate.

et ex Trinitate perficitur. Hoc est quod dixit Aristoteles, primo *de celo et mundo* :
« Omnia, inquit, super tria posuimus », et alibi Apostolus : « Omnia que fecit
Deus, sub numeris, pondere et mensura fecit, etc. » [SAP. XI,21]. Hiis igitur
generaliter dictis, dicamus in speciali species numeri et ea que pretendimus
per hanc artem. Prima igitur species est positio ; secunda est mediatio ;
3ª duplatio ; 4ª additio ; 5ª substractio ; 6ª multiplicatio ; 7ª divisio ; 8ª pro-
gressio, et 9ª radicum extractio. Intendimus insuper tractare de moneta-
rum transmutationibus, de lucris campsorum, de regulis annalibus, de regulis
hospitum, de compotibus ecclesiarum, factis divisionibus in plures partes
quantum unicuique competat pro rata, et multa similia. Ponemus insuper
regulam de *try*, et regulas mercatorum sive societatum, docebimusque
integros per minutas frangere et minutas ad integrorum constitutionem redu-
cere, et alia multa dabimus, ut clarius practitanti constabit.

7. *Compotus manualis* de Jean « de Pulchro rivo », en prose,
composé à Paris vers 1289. Le texte est accompagné d'un
commentaire (*lectura*) fait à Toulouse, en 1332. Fabricius,
au nom PULCHRO RIVO (*Johannes de*), cite cet ouvrage sous
le titre de *Compendium de cyclo solari*.

Début du commentaire :

(Fol. 38) *Incipit compotus manualis.*

Ab habendum ciclum solarem, etc. Secundum scientiam Platonis in Timeo
nichil est deductum in rerum natura cujus ortum causa legitima non precedat.....

Début du texte :

Ad habendum artificialiter ciclum solarem, secundum magistrum Gerlan-
dum, sive litteram dominicalem, quod idem est in proposito, ut patebit,
sumatur iste versus

Filius esto Dei, celum bonus accipe gratis,

qui, per primas litteras singularum dictionum indicat litteras dominicales
secundum quod in celo ordinantur...

Voici le passage qui donne la date du traité :

(Fol. 40 *b*) Notandum quod istud fuit collectum anno Domini. M.cclxxxix.,
et tunc habebamus (*fol.* 40 *c*) .xxj. pro ciclo, et .xvij. pro aureo numero, .ij.
pro indictionibus, de quibus duobus postea dicetur...

Le traité se termine ainsi (fol. 46 *d*) :

Et hoc (*lis.* hec), de ulterioribus que considerat Ecclesia, composita Parisius,
incoata brevius, consummata ad preces quorumdam michi specialium amicorum,
quantum adclivitas mei ingenioli colligere suppetebat, ad presens dicta suffi-

ciant. Explicit elucidans compendium compotum manualem magistri Johannis de Pulcro rivo. Deo gratias.

L'explicit du commentaire est ainsi conçu (fol. 46 c) : « Explicit lectura compoti manualis edita Toloze anno Domini M. CCC.xxxij. »

8. Algorisme en vers, par Alexandre de Villedieu. On lit à la fin (fol. 52 c) : « Explicit alguorismus editus a magistro Alexandro de Villa Dei ». Ce traité, dont il existe beaucoup de manuscrits, a été publié par Halliwell, dans ses *Rare Mathematica* (London, 1841, in-8), p. 73 et suiv.; cf. *Hist. litt.*, XXII, 69. Il commence ainsi (fol. 48) :

> Hec algorismus presens ars dicitur, in qua
> Talibus Indorum fruimur His quinque figuris :
> 0, 9, 8, 7, 6, 5, 4, 3, 2, 1.

Le commentaire débute par ces mots :

(Fol. 47) *Incipit lectura algorismi metrica*. Vera creatrir unitas rerum sub unitate multitudinis condidit universa...

9. Série de problèmes exposés en 64 vers hexamètres (fol. 53). J'y reconnais quelques vers déjà vus ailleurs, par ex. dans le ms. Roy. 12.C.XII. du Musée britannique (cf. *Bull. de la Soc. des anc. textes*, 1893, p. 45). A la suite est ajouté ce distique, qui donne la solution d'un problème fort connu :

> Capra prius fertur, post caules, capra refertur;
> Inde lupus vehitur, capra lupum sequitur [1].

Le bas de la page est occupé par un *abacus*.

10. Algorisme en prose. Quatre pages d'une très fine écriture. Ce traité se rencontre en d'assez nombreux mss., mais, à ma connaissance, toujours sans nom d'auteur. Il a été publié plusieurs fois, en dernier lieu, par Halliwell, *Rara mathematica*, p. 1 et suiv., sous le nom de « Johannes de Sacro bosco ».

(Fol. 54) *Incipit algorismus prosaycus*.
Omnia que a primeva origine rerum processerunt ratione numerorum for-

---

1. Cf. ces deux vers de Guillaume de Dole (éd. de la Société des anciens textes français, vv. 3462-3) :

> Por passer les chievres, les chous,
> Sachiez qu'il n'estoit mie fous.

mata sunt, et quemadmodum formata sunt, sic cognosci habent in nume-
rosa [1] rerum cognitione ars numerandi est operativa.....

Le fol. 56 r° est blanc; au verso se trouve une table de multiplication par 10. Les feuillets 57 à 65 sont occupés par deux
calendriers, chaque mois occupant une page. En tête du premier
(fol. 57 v°) est une note en grande partie enlevée par le couteau
du relieur, dont je ne puis lire que les derniers mots. Je rem-
place par un nombre de points approximatif les lettres que je
ne lis pas et dont il ne reste que la partie inférieure..... *luna
secundum motus medi... secundum magistrum R. Bancal' fr. minor.
or.* (?). Nous retrouverons plus loin (art. 12) ce « Raimun-
dus Bancalis » sur lequel je ne possède aucun renseignement.
En tête du second calendrier (fol. 63 v°), je lis : *Incipit
Kalendarium magistri P. le Dacia.* C'est le frère prêcheur Pierre
de Danemark, sur lequel on peut voir Quétif et Échard, I, 407
et suiv.

11. Ce qui suit est encore de Pierre de Danemark.

(Fol. 69 v°) *Ars cognoscendi horas diei.*

Ad sciendum certissime horas diei sine quadrante et orelegio....

Tabula lune abreviata et correpta (sic) *per magistrum Petrum de Dacia, cor-
reptorem hujus kalendarii.*

Ad inveniendum signum et gradum in quo est luna, videas in kalendario in
quo signo est sol...

Sequitur canon seu expositio Kalendarii.

(Fol. 70) *Tabula magistri Petri de Dacia de loco lune inveniendo in quolibet
mense anni a media nocte, secundum gradus.*

A la suite de cette table vient un exposé de l'influence des
planètes adressé à un « frère Vincent », probablement Vincent,
dit de Beauvais, qui était dominicain comme Pierre de Danemark.

Frater Vincencius, si quid a me queris quid sit proprius effectus uniuscujus-
cumque planete, respondeo ut brevius potero, secundum quod quidam philosophi invenerunt eos certis experimentis et rationibus necessariis. Dico
igitur quod sol est calidus siccus, igneus, colericus, masculinus.....

12. (Fol. 71) *Incipit correctio kalendarii, facta a fratre* R° BANCALIS, *ordinis
minorum, et hoc est canon primi kalendarii magistri* BANCALIS, *ut patet in prima
tabula [2] et in scripto sequenti, et hic est regula de conjunctionibus mediis lune cum*

---

1. Il faut lire : « ...habent. Unde, in universa. »
2. Au n° 10, ci-dessus.

sole et ad sciendum nomina aspectuum cum temporibus sextilis, videlicet trigonii e thetragoni et oppositionis malie....

Innovationes seu conjunctiones lune cum sole, secundum eorum motus medios acceptos per tabulas Toletanas consertissime (*lis.* cum certissime) scire volueris...

13. Comput de Jean de Holywood (*Sacrobosco*) avec commentaire. Cet ouvrage, qui a été fort répandu, a été imprimé plusieurs fois au XVIe siècle, avec une préface de Melanchton [1]. Dans le ms. 1043 (fol. 12) de Sainte-Geneviève, il est daté de 1244.

(*Fol.* 72) Compotus est scientia considerans tempora ex solis et lune motibus et eorum adinvicem coequatione distincta...

Le fol. 78 v° renferme un tableau de la descendance d'Anna, mère des trois Maries. C'est un sujet qui, on le sait, a été très fréquemment traité en latin et en langue vulgaire, en vers et en prose [2].

Le recto du fol. 79 est occupé par un tableau qui, de même que le précédent, n'a aucun rapport avec les traités que renferme le manuscrit. Ce tableau est la reproduction des légendes inscrites dans la peinture de l'arbre d'amour que Matfré Ermengau a insérée dans son *Breviari d'amor* [3]. Les figures manquent, mais tous les médaillons, avec leurs légendes en provençal, sont à leurs places respectives. Le verso de ce feuillet est resté blanc.

---

1. LIBELLUS JOANNIS | DE SACRO BUSTO DE AN- | NI RATIONE, SEU UT vo- | catur vulgo *Computus Ecclesiasticus* | Cum præfatione Philippi Melanchthonis. | PARISIIS | Apud Gulielmum Richardum, in pingui Gallina | ex adverso Collegii Cameracensis | 1543. — In-8. Marque : une poule avec cette légende en exergue : 1541 IN PINGUI GALLINA. (Bibl. nat , invent., 2218.)

— Même édition avec une autre marque et un autre nom de libraire : *Parisiis Apud Joannem Lodoicum Tilletanum, ex adverso Collegii Remensis* 1543. (Bibl. nat., invent., 29210. — Le même traité a été réimprimé plusieurs fois à la suite de l'édition du *de Sphæra* donnée par Melanchton.

2. Voy. ma notice sur les mss. de La Clayette, *Notices et extraits des manuscrits*, XXXIII, 1re partie, p. 44.

3. J'ai fait reproduire cette peinture dans l'édition de Béziers, en 1863, d'après un ms. de la version en prose catalane, le ms. 353 du fonds espagnol de la Bibliothèque nationale. C'était, entre les mss. que j'avais à ma portée, lorsque je préparais cette édition, le seul qui renfermât un exemplaire pas-

14. La géométrie d'Euclide, traduction latine d'Adelard de Bath [1].

(Fol. 80) *Primus liber Euclidis institutionis artis geometrie incipit*, XLVII *proportiones* (sic) *continens, per Adelardum Batonicisem* (lis. *Bathoniensem*) *in latinum translatus.*

Punctus est cui non est pars. Linea est longitudo sine latitudine cujus extremitates quasi duo puncta...

15. Jean de Holywood, Traité de la sphère, avec commentaire par un certain D. André.

Début du commentaire et passage où l'auteur se nomme :

(Fol. 87) *Incipit tractatus et lectura de spera.*

Una scientia dicitur melior altera dupliciter : aut quia de nobiliori subjecto, aut quia cerciori modo procedit.....

(*Fol.* 87 c) Ad secundam questionem dicendum quod .ix. sunt orbes; non tamen inveni certam auctoritatem quod debeant esse nisi .viij. nec in scientia natura (?) nec in mathematica. Sed tamen ego D. ANDREE invenio. Dicit enim puer Agapitus in libro suo quod ego vidi et tenui, quando interrogebatur (sic) ab imperatore : « Quot sunt celi ? », et ipsi (lis. ipse) dixit quod .ix., et nominat unumquemque, quia ego credo quod ipse erat imbutus sancto flamine, quia non habebat nisi .xj. annos quando dicebat talia [2]....

Début du traité :

(Fol. 87 c) *Incipit tractatus spere.*

Tractatum de spera quatuor capitulis distingamus, dicentes primo quid sit spera...

---

sable de cette miniature. Dans les mss. du poème que possède la Bibliothèque nationale, la miniature était défectueuse ou avait été arrachée. On en trouvera une reproduction phototypique, faite d'après un ms. du Musée britannique, dans la notice sur Matfré Ermengau, que renferme le t. XXXII de l'*Histoire littéraire* (sous presse).

1. Voir sur cet auteur Th. Wright, *Biographia britannica litteraria*, II, 94 et suiv., et mieux encore le *Dictionary of national Biography*, sous ADELARD OF BATH.

2. Le livre du « puer Agapitus » est l'opuscule en forme de dialogue intitulé ordinairement *Disputatio* (ou *altercatio*)*Adriani Augusti et Epicteti philosophi.* Le nom d'Épictète a été corrompu de diverses manières : il était devenu *Agapitus* dans l'exemplaire qu'avait sous les yeux notre commentateur. Ce dialogue ou débat, qui paraît être d'origine grecque, se rencontre en latin et en diverses langues romanes ou germaniques, sous des formes très variées. La question concernant le nombre des cieux ne se trouve dans aucune des

L'explicit du traité (*Explicit tractatus de spera editus a magistro Johanne de Sacrobosco. Deo gracias*) est au fol. 98 *b*. Le verso est blanc; les feuillets 99 et 100 recto sont occupés par les figures du traité de la sphère. Vient ensuite :

16. Une note, occupant trois quarts de colonne sur les climats, qui sont au nombre de sept.

(Fol. 100 *r*) *De climatibus*.

Inicium primi climatis est ex parte orientali, ab Oceano, ubi sunt hostia Gangis fluvii, et ambulat per Indiam et Asiam...

Le reste de la page est occupé par des figures astronomiques.

17. Calendrier dressé à Montpellier par Pierre Vidal, frère prêcheur, et dédié au pape Jean XXII. La rédaction de cet écrit doit être de peu postérieure à l'avènement de ce pape (1316), le point de départ du calendrier étant fixé à l'année 1311.

Nous ne savons rien de plus sur ce Pierre Vidal. Les pères Quétif et Échard ne l'ont connu que par la brève notice donnée de notre ms. dans le catalogue de la collection Baluze, imprimé en 1719. L'introduction au calendrier occupe tout le reste du fol. 101. Je vais en transcrire le début et aussi le passage où l'auteur nous apprend qu'il prend pour point de départ l'année 1311.

---

rédactions latines qui me sont passées sous les yeux ; mais elle se trouve, plus ou moins altérée, dans une des deux rédactions provençales et dans la version catalane de cette rédaction. Voici le texte catalan :

« L'emperador li demana : Quants son los cels ? L'infans respos : vij.Hu n'i ha de la Trinitat, on sta lo pare e lo fill e l'Esperi sant. Altre n'i ha qu'es mes baix, que li dien *emperium*, que es axi com cristall. Altre n'i a que li dien *aureum*, que es axi com or. Altre n'i ha qu'es humanal via de Jhesu Crist. Altre n'i ha que li dien *angeli sancte Ecclesie*. »

(A. Pagès, *La version catalane de l'enfant sage*, dans les *Études romanes dédiées à G. Paris*, p. 184-5.)

Comme le fait remarquer l'éditeur la réponse ne fait connaître que six cieux, après en avoir annoncé sept. L'original provençal offre à peu près la même leçon. Le commentateur du traité de la sphère avait sous les yeux une rédaction latine qui énonçait neuf cieux, ce qui est plus conforme à la tradition. A la fin du passage cité, il faut, je crois, lire .iij. au lieu de .xj.; l'enfant sage avait, en effet, trois ans, selon certaines rédactions.

(Fol. 101) Sedens cum fiducia ante tronum gracie ejus cui nomen erat Jacobus prius, nunc autem, tempore gracie, invito, Johannes est nomen ejus XXII^{us}, qui est vicarius Domini nostri Jhesu Christi, quem novimus plenum gracia et veritate, et a quo omnes nos accepimus graciam pro gracia, offero ego frater Petrus Vitalis, ordinis fratrum predicatorum, et nomini ejus ascribo hoc presens novum kalendarium super Montempessulanum ordinatum, per quod duo magna luminaria, videlicet sol et luna, in suis motibus, quantum ad aliquid in presenti tempore corriguntur..... Circa kalendarii hujus noticiam, quod compilatum est ad honorem domini nostri pontificis Johannis 22, sciendum est quod ipsum ordinatum est super villam Montispessulani, cujus longitudo ab occidente est 23 graduum et latitudo 43, incipiens annum more Latinorum a Januario et diem ab ortu solis ibidem. Incipit autem ab anno Domini 1311, continens 3 ciclos 19^{les} (decemnovenales) facientes unam revolutionem 57 annorum.....

Explicit canon kalendarii sequentis valde boni.

Suit, ff. 101 v°-107, le calendrier, puis, fol. 108, *tabula festorum mobilium cum diebus et epdomadibus suis.*

18. Poème provençal sur l'astrologie (fol. 109).

19. Divers opuscules en prose provençale : divination par le psautier; règle de la multiplication, pronostics, etc. (fol. 118).

20. Poème provençal sur la géomancie (fol. 115). Pour ces trois numéros, voir plus loin.

21. Procédés de divination. — Les feuillets 121 à 125 sont occupés par des figures en formes de sphères qui sans doute sont destinées à nous dévoiler l'avenir, mais dont je serais tout à fait incapable de faire usage. En tête (fol. 121 r°) est une série de questions (la première est : « an gravida sit filium vel filiam paritura ») avec des renvois aux figures qui suivent. Ces renvois sont formés par des noms de planètes, de signes de zodiaque et de villes [1]. Les villes mentionnées, et qui reparaissent dans une des figures du fol. 124 v°, sont : *Burdegala, Tolosa, Parisius, Gordonium, Baiona, Agennium, Caturcum, Jerusalem.* On remarquera la prédominance des villes du Midi.

---

1. Le même procédé de divination paraît être employé dans un petit livret provençal, composé de huit feuillets, qui est conservé à la Bibliothèque nationale sous le n° 14771 du fonds français. L'écriture est des environs de l'an 1300. Une note de la fin du XVe siècle nous apprend que ce livret a

Au fol. 125 v° nous trouvons quinze séries de réponses, chacune de ces séries étant placée sous le nom d'un personnage de l'Ancien ou du Nouveau Testament : Ysaïe, Jérémie, Daniel, Ezéchiel, Balaam, Joel, Jonas, Zacharias, les anges de l'Apocalypse (d'Éphèse, de Smyrne, de Thyatire, de Sardes, de Philadelphie, de Laodicée, de Pergame) l'archange saint Michel.

Les feuillets 127 et 128 recto contiennent une suite de sphères, à raison de quatre par page, intitulées respectivement : *spera specierum, spera florum, spera piscium, spera volatilium, spera lapidum, spera herbarum, spera moncium, spera fluminum, spera arborum, spera fructuum, spera civitatum, spera bestiarum*. Chacune est divisée en douze secteurs. Chaque secteur a une dénomination spéciale : un nom d'épice pour la *spera specierum*, un nom de fleur pour la *spera florum*, et ainsi de suite. Les noms de la *spera civitatum*, par exemple, sont *Jerusalem, Parisius, Ninive, Babilonia, Alexandria, Antiochia, Neapolis, Troia, Londo[n]ia, Pampilonia, Colonia*; au-dessous de chaque nom sont inscrites, dans le secteur, les réponses aux questions. Au fol. 128 v° sont inscrites seize séries de réponses placées sous seize rubriques qui sont les suivantes : *Rex Turcorum, Rex Yspanie, Rex Indie, Rex Anglie, Rex Scocie, Rex Armenie, Rex Nubie, Rex Cypri, Rex Babilonie, Rex Libie, Rex Francie, Rex Tartarorum, Rex Cicilie, Rex Capadocie, Rex Alamannie, Rex Romanorum*.

22. Présages tirés de la position de la lune par rapport aux signes du zodiaque.

(*Fol.* 129) Quando luna fuerit in Ariete, signo orientali calido et sicco, igneo, colerico et masculino, bonum est iter versus Orientem incipere, et ad illam partem ire ad mercandum ; et qui iter in illam partem incepit, bene et scito complebit. Bonum est operari quicquid et igne et in igne fit. Bonum

---

appartenu à Estienne Charmoy, apothicaire de Louis XI et capitaine de Mailly-le-Château (arr. d'Auxerre). Voici les premières lignes de cet opuscule :

.j.	Si viura aquest efantz o no	el .j. gras d'Aries t'er dig.
.ij.	Si l'er bo que fassa benda d'aquela causa	el .ij. gra d'Aries t'er dig.
iij.	Si aquesta via sera bona	el .iij. gra d'Aries t'er dig.
iiij.	Si aquest antz er granatz	el .j. gr. de Taur t'er dig.
v	Si aquest hom aura efantz	el .ij. gra de Taur t'er dig.
vj	Si aquest malautes guarra	el .iij. gra de Taur t'er dig.
vij	Si aura aquela molher que quer	el .j. gra de Gemini t'er dig.

est sanguinem de brachio minuere, balneum intrare et omne opus incipere
et facere quod vis cito finire nec multum durare. Malum est caput linare(?)
et medicare, radere vel vento[sas] (?) in collo ponere vel sanguinem de
naribus minuere, uxorem ducere, domum vel castrum fundare..... *Versus* :

> Nil capiti facias Aries cum luna refulget;
> Lunari minuas et balnea tucius intres;
> Non tangas aures nec barbam radere cures.

Quando luna fuerit in Tauro, signo firmo meridionali, frigido, sicco,
malencolico, terreo, femineo, bonum est seminare, ortos facere, vineam et
arbores plantare...

Il y a douze paragraphes, autant que de signes du zodiaque;
chacun d'eux se termine, comme le premier, par des vers hexamètres. Toute cette doctrine est résumée finalement en ces
quatre vers :

> Summa tenet Vervex, Bos collum, brachia Fratres,
> Cancer habet pectus, stomacum Leo, Virgoque lumbos;
> Anca tenet Libram, Dracho corus, genuaque Sagita,
> Tibia cor, Capra, pes Piscis, Urna capillos.

Expositio istorum versuum talis est quod luna exeunte in Arietem non est
bonum facere fleubotomiam de capite, et sic de aliis signis.

Explicit.

Une traduction française de ce morceau, faite d'après une
rédaction peut-être un peu différente, se trouve dans le ms.
Arsenal 2872, fol. 398 (fin du XIVe siècle) :

Cant la lune sera ou signe de ARIES, est bon commencer chemin parterre
vers Occident (*lis.* Orient) car ARIES est signe oriental. Et est bon armer
galées et acheter escus et espeez et toute autre armeüre; et est bon muer d'un
lieu en un autre.....

Notre manuscrit contient aussi (fol. 113 r°) une rédaction
provençale dont quelques lignes seront citées dans la deuxième
partie de ce mémoire.

Le manuscrit s'arrêtait peut-être originairement au fol. 129,
qui du reste coïncide avec la fin d'un cahier, car au bas du verso
de ce feuillet a été écrite la table suivante, dont je numérote
les articles en vue des observations que j'y joindrai.

In hoc volumine continentur isti libri :

1. Primum est liber Practicorum geometrie.
2. Item, duo kalendarii in uno, de conjunctione solis et lune.

3. Liber ysogagarum judiciorum astronomicorum.
4. Liber ysogagarum algorismi astronomici.
5. Tabule Tolosane cum canone earum.
6. Item, epistola Messalat.
7. Item, de narratione Saturni.
8. Liber Tebit ben Tonit.
9. Item, liber Tebit de quantitatibus stellarum.
10. Item, tractatus quadrantis cum tabulis.
11. Item, alius tractatus ejusdem.
12. Item, alius tractatus ejusdem.
13. Item, alius tractatus ejusdem quadrantis.
14. Liber quadripartitus Ptholemei.
15. Liber de partibus locorum.
16. Liber de cognitione ymbrium.
17. Item, de natura ventorum.
18. De natura celi et mundi.
19. Ciromancia Alb. cum lectura.
20. Ciromancia Aristotilis.
21. Ciromancia cujusdam.
22. Ciromancia alterius.
23. Ciromancia alicujus doctoris.
24. Liber geomancie.
25. Liber judiciorum ejus.
26. Tabule quedam ad indicia (*lis*. judicia).
27. Item, tabule alie ad eamdem (*sic*).
28. Item, narracio signorum.

Les mots « in hoc volumine » semblent bien indiquer que cette table s'applique au manuscrit même où elle se trouve. Cependant j'ai peine à croire qu'il en soit ainsi. Sans doute on pourrait supposer que les nombreux ouvrages qu'elle mentionne, et que le ms. ne contient pas en son état actuel, étaient écrits sur les feuillets qui manquent; mais comment expliquer que le rédacteur de cette table ait omis plusieurs des traités que renferme le ms., par exemple les divers traités du comput (nᵒˢ 2, 4, 5, 7, 13), la géométrie d'Euclide (14), le traité de la sphère (15)? D'autre part, il y a des coïncidences notables. Ainsi notre ms. contient divers traités de chiromancie rangés dans l'ordre même qu'indique la table sous les nᵒˢ 19 et suivants. Le *Liber Practicorum geometrie* se rencontre aussi dans la table comme dans notre manuscrit, seulement c'est le dernier de nos traités, tandis que dans la table il figure en premier lieu. A la rigueur on pourrait admettre que ce traité (qui, dans notre ms.,

commence avec un cahier) aurait dû être relié au commencement. Mais, tout considéré, il me semble que cette table se réfère à un manuscrit distinct du nôtre, qui peut-être lui a servi d'original en quelques parties, et dont la table aurait été transcrite ici.

23. Traité de chiromancie par Albert de Cologne, frère prêcheur. Il y avait un exemplaire de la *Ciromancia Alberti*, joint à d'autres opuscules, dans un manuscrit de la librairie du Louvre (Delisle, *Le Cabinet des manuscrits*, III, 131, n° 316). Je ne possède d'ailleurs aucune information sur cet Albert de Cologne.

(Fol. 130) *Incipit ars ciromancie, edita a fratre Alberto, de ordine predicatorum.*

Cum aliquorum ignoranciam viderim de humani corporis proprietate et dispositione, ideo, de parte que est isturmentum (*sic*) corporis meum volo principium incoare, et hoc Domino concedente, et tale insturmentum dicitur esse manus. Et sciendun quod in manu sunt tres linee principales; alie vero non ita sunt principales; quarum una vocatur principalis vitalis, quia in ea cognoscitur vita, sive fuerit bona sive mala, sive longa sive brevis; alia est naturalis, quia in ipsa natura hominis denotatur, tercia moralis, quia in ipsa more loquitur naturali. Est enim alia que mensalis nuncupatur, sed non est ita principalis.....

(Fol. 131 c) *Explicit cyromancie textus editus a fratre Alberto de Colonia. Incipit lectura ejusdem.*

Cum aliquorum. Quoniam aliqui optant scire de presentibus, preteritis et futuris naturaliter accidentibus in se vel in aliis continentibus, ideoque cum plures doctores scolaribus falsa pandere adoptarent, videns enim frater Albertus de Colonia quod nugas ponebant, edidit unum libellum sive unam parvam ciromanciam in qua preterita et futura ac presentia manifestat, et ostenduntur in manu per aliquas lineas et figuras que cum libro Philosophi *de secretis secretorum* aliqualiter concordabant...

(Fol. 131 b) *Additio cujusdam expositoris.*

Quando enim digiti bene possunt jungi, significat avariciam.....

24. Traité de chiromancie attribué à Aristote. Ce traité est différent de celui qui a été imprimé à Ulm, en 1490, sous le titre de *Cyromancia Aristotelis cum figuris* (Hain, 1778; *Catal. des incun. de la Bibl. Mazarine*, n° 582).

(Fol. 132 c) *Incipit ciromancia Aristotelis philosophi.*

Cum enim humane nature sane disposite insit a natura sciendi desiderium, illud scire in desiderio congruo naturaliter pocius est eligere que sibi et aliis possint proficere. Qui quidem profectus perpenditur quando de rebus futuris vel preteritis vel presentibus cognoscendi sciencia habetur.....

25. Traité anonyme de chiromancie qui se trouve dans le ms. B. N. lat. 11867, fol. 241 (fin du xiii⁰ siècle),sous ce titre : *Incipit doctrina manualis ejusdem.* On aimerait à savoir qui rappelle cet *ejusdem* (si ce n'est pas une mauvaise leçon, pour *cujusdam*), mais il manque un feuillet entre les feuillets 240 et 241, et du traité qui commence au fol. 240 *d* il ne reste que la rubrique *Incipit ars manualis de vita* [*et*] *morte*, suivie d'une représentation de la main avec les noms des lignes [1].

(Fol. 135 *c*) *Incipit cyromancia cujusdam.*

Linee naturales tres in planicie omnis cyros triangulum constituunt, et alia adjacens que mensalis vocatur, eo quod per longitudinem mense ceros ostenditur.....

24. Traité anonyme de chiromancie.

(*Fol.* 136 *b*) Cum cyromancia sit effectus sciencie alicujus futuri.....

Ce traité n'est pas achevé. Il se termine au fol. 138 *c* par cette rubrique : *Sequitur de lineis que dicuntur sorores principalium linearum.* Le reste de la page est vide.

25. Traité anonyme de chiromancie.

(Fol. 139)   *Adsit principio Virgo Maria meo.*
               Det michi sanamen sanctus Spiritus ; amen.

Sequantur sciencie quemadmodum et res ex quibus sunt. Res autem ex quibus sunt sciencie sunt 3 : naturales, mathematice et divine. Ideoque tria sunt genera scienciarum principalium sic dicta. Res autem naturales iterum sequantur, et, secundum diversos modos, sorte considerandi constituuntur ex ipsis diverse partes, seu particulares sciencie naturales, ex quibus una est que cyromancia communi nomine apellatur.....

Cyromancia est ars cognoscendi inclinationes virtutum et pationum naturalium et fortunam cujuslibet per signa sencibilia manus.....

Ce traité, dont la copie semble être restée inachevée, se termine par un paragraphe dont voici les premiers et les derniers mots :

(*Fol.* 142 *d*) Sequitur de angulis in speciali, et primo de supreme........
.... Secundo modo fit quando predicte linee conjunguntur recte ex

---

1. Autre ms. du même ouvrage à Vienne, n⁰ 2525, fol. 58.

opposito medietatis indicis, et faciunt angulum scurum; et hoc est signum
subtilitatis ingenii et dantis (?) cum ratione fidelitatis atque inculpabilis vite.
Aliquando (?) autem contigit quod non est angulus sed distant.

Les feuillets 143, 144 et 145 sont blancs. Au fol. 146 v° sont
figurées deux mains, la gauche et la droite, au simple trait ; les
lignes sont accompagnées de lettres qui servent de renvois à des
explications placées au bas de la page.

26. *Liber Practicorum geometrie*. Ce titre est fourni par l'explicit, fol. 153 c. Il y a un exemplaire de cet ouvrage à la Laurentienne, Plut. XXIX, 19 (Bandini, II, 37).

(*Fol.* 147) Artis cujuslibet consummatio duobus consistit : in theorice et
practice ipsius integra perceptione. Qui autem alteram istarum mutilat, semi-
artifex nuncupatur.....

C'est une série de problèmes annoncés par des rubriques dont
je transcris quelques-unes : *Exagonii aream reperire. Eptagonii pavi-
mentum perscrutari* (fol. 147 d). *Circuli quadraturam reperire*
(fol. 148 b). *Dolii capacitatem invenire* (fol. 149 a). *Radicem minu-
ciarum sine minuciis perscrutari* (fol. 151 b). *Equinoxialem solis
altitudinem invenire* (fol. 151 d). *Turris inacessibilis altitudinem
metiri* (fol. 153 a).

Les dernières pages du ms. sont occupées par des notes latines
écrites au XVᵉ siècle. L'écriture est celle qui a été signalée plus
haut, p. 227. Ce sont d'abord des remarques (fol. 153 v°) sur
le jour férié des Juifs (samedi), des Sarrazins (vendredi), et des
chrétiens (dimanche). Puis (fol. 154), des procédés pour recon-
naître les dispositions d'un visiteur, selon qu'il s'asseoit « in
parte Veneris », ou « in parte Jovis », ou « in parte Saturni ».
Au fol. 153 v°, « Tabula vel figura 28 mansionum lune ».
Enfin, fol. 155 r°, table des positions de 28 étoiles.

II. — Les deux poèmes.

Le premier de ces poèmes est sûrement complet. Il commence par un prologue intéressant, dont nous parlerons tout à
l'heure, et se termine par quelques vers où l'auteur rend
grâces à Dieu de lui avoir permis de mener son livre à bonne fin.
Le second se termine un peu brusquement, sans épilogue ni conclusion, ce qui donne à croire que la copie est restée inachevée.

Sont-ils du même auteur ? Au premier abord, on est tenté de
le croire, à considérer l'analogie des sujets traités. Ce sont deux
manuels, l'un d'astrologie, l'autre de géomancie, sciences connexes, et il y a cette circonstance que l'auteur du traité d'astrologie exprime une préférence marquée pour les procédés de la
géomancie. De plus, les deux œuvres ne sont pas complète-
ment indépendantes l'une de l'autre, car elles ont en commun
un certain nombre de vers[1]. Il y a eu évidemment emprunt :
les coïncidences sont telles qu'elles ne peuvent être causées par
la similitude du sujet. Mais il ne serait pas absurde *a priori* de
supposer que le même auteur, ayant composé les deux poèmes,
aurait répété dans le second quelques vers du premier.

Toutefois, cette hypothèse me semble difficilement admis-
sible. J'incline à croire que les deux poèmes sont de deux
auteurs distincts. On verra, en effet, plus loin que si les deux
œuvres sont également médiocres au point de vue du style et
de la versification, elles présentent, dans la langue, dans la
manière de rimer, des différences qui, pour légères qu'elles
soient, suffisent à rendre peu vraisemblable la communauté
d'origine. Reste à déterminer entre ces deux auteurs quel est le
plus ancien. Je crois que c'est l'auteur du second traité, celui
qui a pour objet propre la géomancie. La partie où apparaissent
les coïncidences indiquées plus haut semble chez lui plus complète. Les passages correspondants du traité d'astrologie ont
l'apparence d'un abrégé.

L'auteur du traité de géomancie ne nous apprend rien sur lui-
même. Mais il en est autrement de l'auteur du traité, sur l'astrologie, que je suis porté à considérer comme un peu plus
récent. D'abord, il nous fait connaître son nom, ou à peu
près. On lit, en effet, au v. 129 : *Per que maestre G. ditz*.
Supposons donc qu'il s'appelait *Guillem*. Ce n'est pas une certi-
tude, mais la conjecture assez probable, car il n'est pas habituel
d'abréger par G. les noms tels que *Garin, Gaucelm, Gausbert,
Guibert, Guiraut*[2], etc. Notre Guillem se considérait comme
très savant dans les arts qui concernent la divination. Il rappelle

---

1. Voy. le premier poème, note sur le v. 183.
2. Je mentionne en passant qu'il y a un *Willelmus Marsiliensis*, qui composa, au XIIIᵉ siècle ou au XIVᵉ, un traité latin sur l'astrologie, commençant
par ces mots : *Quoniam astrologie speculatio...* (Bibl. nat. lat. 7298, fol. 111 v°).

un peu, par la façon dont il fait étalage de sa science, un autre poète provençal, Peire de Corbiac, qui, du reste, prétendait savoir bien d'autres choses encore que l'astrologie et la géomancie [1]. « Je sais », dit notre Guillem, « me servir de l'as-« trolabe, du fil à plomb, du cadran. Je dis aux hommes, selon « 28 leçons, toutes leurs conditions. Je sais, au moyen de la « sphère, dire en quel signe un homme est né. Je connais les « expériences véridiques de la nécromancie et la transmutation « des éléments, mais de tout ce savoir je fais peu de cas « par comparaison à l'autre [2]. Je vois du reste qu'on le néglige « pour l'art de géomancie et pour l'art d'astronomie [3] » (vers 29-48).

Il poursuit en exposant tout ce qu'on peut découvrir par ces deux arts. Mais il ne parait pas les posséder l'un et l'autre au même degré. Il avoue que l'astronomie est *une science fort difficile, qui a été corrompue par les mauvais maîtres* (v. 118) qui connaissent mal les mouvements des planètes, et ne savent pas trouver, avec la sphère, leurs conjonctions. C'est pourquoi lui, maître Guillem, qui a été au fond de ces sciences, est d'avis qu'on opère mille fois plus facilement avec les points usités en géomancie qu'avec l'astrolabe, le cadran, les tables des trois rois [4], les tables des ans, des mois et des jours, les degrés,

---

1. De nigromanci' apris totz los encantamens,
735 Mais de geomancia sai totz los esperimens,
    Las sortz e las esperas e los desviamens
    E de las quinze causas los .xv. ponchamens :
    Catre causas fa hom pojans premieiramens,
    E fai n'om autras .iiij. d'aquelas en bestens,
740 E las .viij. ne fan .iiij. cabjus (*éd.* cabins) en estrenhens.
    Las .iiij. ne fan doas, las doas un'aissamens,
    E pueis remanon .xv. totz escaridamens,
    Mais las .vij. ne fan testimoniamens
    E las .iiij. sotiranas respondon als querens.
                    (*Le Trésor de Pierre de Corbiac*, 2ᵉ édition,
                     par le Dᵣ Sachs, Brandebourg, 1859, in-8.)
2. « L'autre », c'est l'astrologie et la géomancie.
3. Astronomie doit s'entendre au sens d'astrologie, ce qui est fréquent dans les textes du moyen âge.
4. J'avoue que je ne connais pas ces tables des trois rois.

les tables de Tolède si vantées (v. 140). Et il entre aussitôt en matière, exposant les procédés de la géomancie.

En deux endroits, notre géomancien nous fait savoir qu'il a composé son ouvrage à la requête d'un sien ami, qui n'est pas autrement désigné :

> Car prec d'amic deu hom ausir.
>
> (v. 24)
>
> E platz me que a l'amic cortes
> Per cui ay aysso comensat
> Demostre de tot la vertat.
>
> (v. 101-112)

A quelles sources maitre Guillem a-t-il puisé sa science ? Ici je ne chercherai pas à dissimuler mon embarras, et je ferai appel aux bienveillantes communications des lecteurs versés dans l'histoire des sciences mathématiques.

Maître Guillem dit positivement, en parlant de la doctrine qu'il va exposer, qu'elle est tirée d'un livre composé par Ptolémée pour sa fille. « Et moi, ajoute-t-il, je l'ai traduit en roman, mot à mot » (v. 13-23). J'ai donc examiné le *Centiloquium*, le *Quadripartitum* et autres traités concernant l'astrologie, sans y trouver l'original de notre poème. Et puis, il existe des livres adressés par Ptolémée à son fils, mais aucun n'est adressé à sa fille. Toutefois, j'ai fini par trouver, à la Bibliothèque nationale, un ouvrage manuscrit, dont je donnerai plus loin quelques extraits, qui porte le titre d'*Archanum magni Dei*, et qui se présente comme une révélation faite à Ptolémée, roi des Arabes. C'est un traité de géomancie traduit par Bernard de Gourdon. On verra par les extraits cités plus loin que cet écrit, sûrement apocryphe, a été mis à contribution par notre Guillem. Seulement, les deux copies que j'en connais ne font aucune mention de la fille de Ptolémée. Il faut donc supposer que Guillem a eu sous les yeux un manuscrit contenant une sorte de prologue qui ne nous est pas parvenu. Peut-être aussi a-t-il eu recours à une autre version que celle de Bernard de Gourdon, par exemple à un texte hébraïque qu'il aura pu consulter par voie indirecte, car il n'est nullement probable qu'il ait su l'hébreu. En tout cas, la recherche ne peut être considérée comme épuisée.

Mais notre auteur ne s'est pas servi seulement de Ptolémée : il cite encore d'autres autorités, en des passages qui seront transcrits plus loin, à savoir : Gramat de Babylone (fol. 11c

v° a), Zael (fol. 110 v° c), maître « Huc de Satalia » (fol. 111
r° b), Albumazar (fol. 111 v° a) et maître Levi (fol. 112 r° c).
Si je ne suis pas en état d'identifier le premier de ces personnages,
je puis, du moins, dire quelque chose des quatre autres. Albumazar (Abou-Maschar Djafar ibn-Mohammed) est bien connu :
il figure dans toutes les biographies, et d'anciennes traductions
de ses traités astronomiques ou astrologiques sont conservés
dans la plupart des grandes collections de manuscrits [1]. Matfré
Ermengau le cite à plusieurs reprises dans le *Breviari*. Maître
Levi est très probablement Lévi ben Abraham, originaire du
Roussillon, qui vivait dans la seconde moitié du XIIIᵉ siècle, et
composa, en 1276, à Montpellier, un traité d'astronomie, dans
lequel un chapitre, plus tard développé et publié à part, est
consacré à l'astrologie judiciaire [2]. On ne voit point que ce
traité ait été mis en latin : notre Guillem a pu en avoir connaissance par l'intermédiaire de savants juifs.

Zael était, comme Albumazar, un astronome arabe dont on
possède, en traduction latine, divers ouvrages touchant l'astrologie [3].

Reste Hugues de Satalie, lequel, à la différence des précé-
dents, devait être un bon chrétien. Sur celui-là, je suis en
mesure de produire certaines informations encore bien incom-
plètes, il est vrai.

Feuilletant les catalogues de manuscrits dans l'espoir d'y
trouver la mention d'ouvrages sur la géomancie, j'avais remarqué dans Bandini [4] cette notice concernant le ms. Plut. XXX,
29, attribué au XIIIᵉ siècle :

1. M. Delisle a publié tout récemment dans le *Bulletin du Bibliophile* (1896)
une notice sur un livre d'astrologie ayant appartenu à Jean, duc de Berry, qui
est, au moins en partie, la traduction, par un certain « Georgius Zothorus »,
qualifié de « sacerdos et philosophus », d'un traité d'Albumazar.

2. Voy. *Histoire littéraire*, XXVII, 631, 637.

3. Bibl. nat. lat. 7306, 7328, 7329, 7344. — Ajoutons que le même Zael
est un des astrologues dont les opinions sont rapportées dans une compilation astrologique dont voici le titre : *Liber novem judicum in judiciis astrorum. Clarissimi auctores hujus voluminis : Mesehella, Aomar, Alkindus, Zael,
Albenait, Dorotheus, Jergis, Aristoteles, Ptholomeus.* M.D.VIII. *Felicibus astris
prodeat in orbem ductu Petri Liechtenstein. Cum privilegio.* Imprimé à Venise,
in-4, 96 ff.

4. *Catal. Codd. latin. Bibl. Laurentianæ*, II, 84.

Magistri Hugonis Satiliensis liber geomantiæ novæ editus ab Alatrabubulci translatione cum figuris et punctis geomanticis. Inc. *Æstimaverunt Indi quod quando lineantur lineæ absque numero*, etc. Des. *et in his diebus abstinere oportet.*

Nulle part, je ne trouvai le moindre renseignement sur cet *Hugo Satiliensis* qui doit être identifié, sans doute possible, avec le « Huc de Satalia » de notre poème, mais je savais d'ailleurs que son ouvrage avait joui d'une certaine autorité, car, dans mes efforts, du reste à peu près vains, pour comprendre quelque chose à la géomancie, j'avais étudié un livre français, sûrement traduit de l'italien : *La Geomance du seigneur Chrïstofe de Cattan, gentilhomme genevois* [1], et dans la préface j'avais lu ceci :

Or, quant a geomancye, entre tous ceux qui en ont escrit, comme Indiens, Caldeans, Hebreux, Arabes, Egyptiens, Grecs et Latins, je n'en ay trouvé qui soient d'importance, fors trois livres qui pour le jourd'huy se trouvent entre les hommes, dont l'un, composé par les Indiens, se commence *Estimaverunt Indi*. L'autre par les Hebreux qui se commence « Ha veenestze », et le tiers fais par un de la nation latine nommé Barthelemy de Perme.

Le livre fait par les Indiens, ayant pour premiers mots : *Estimaverunt Indi*, était sûrement celui dont le catalogue de Bandini me révélait l'existence à Florence.

Grâce à l'obligeance de notre savant collaborateur M. P. Rajna, je fus bientôt en possession de la photographie de quelques pages de ce manuscrit. C'est d'après cette photographie que je vais donner le début de l'ouvrage. L'écriture me paraît être de la seconde moitié du xiiie siècle ; elle est bien plutôt française qu'italienne. Le texte n'est pas toujours très clair pour moi, soit qu'il y ait des fautes dans le manuscrit, soit que la matière dépasse ma compréhension.

Incipit liber geomancie nove magistri Ugonis Satiliensis, editus ab Alatrabuluci translatione.

Estimaverunt [2] Indi quod quando lineantur linee absque numero et prohiciuntur pares, et eriguntur ex eo quod remanet figure 4^{or}, deinde generantur et concluduntur [3] ad inveniendam intentionem, significat illud quod erit anime et facit ea necessitas [4] orbis ad illud quod rectum est, et interpretatu-

---

1. Il en existe plusieurs éditions : Paris, 1558, 1567, 1577.

2. Au lieu d'un *E*, l'enlumineur a fait un *Q* majuscule.

3. Corr. *conducuntur* ?

4. La lecture est douteuse et le sens obscur. Le ms. porte *neccas* ou *necta*, avec un *a* suscrit au-dessus de la quatrième lettre. Ce n'est pas tout à fait l'abréviation de *necessitas*.

de eo quod in anima est. N . quod figure disponuntur secundum dispositionem orbis signorum ad illud quod est rectum, quia circulus erit secundum intentionem querentis et cognitionem cordis ejus ad illud quod est rectum, et interpretatur de ' . t in anima, et sunt currentes cursu visionis, quia, sicut l .30 anter in nocte aliquan 'o sompniat quam in die disponat vel cogitet, ita aliter signant figure quam interrogans aliquando boni in animo vel mali ferat. Et earum quidem percussio fit in arena munda, seu terra et pulvere et farina et cum incausto et lapidibus et digitis, ita quod utraque manu clausa erigat digitos quotquot et cum omni cum quo possibile est, ut erigantur figure. Sed nota quod arena et incaustum et lapides frigide nature sunt et Saturnus frigide complexionis est, et ideo melius concordat cum eis, et ideo plus prevalet questio in nocte quam in die, quia nox est frigida. Cum arena et incausto et lapidibus, quia est in illis bonitas, propter proportionem Saturni et propter frigiditatem et siccitatem in eis ; et propter illud fiunt in nocte veraciores quam in die. Et scias quod quando est occupatio anime in eo de quo queritur plus et ejus autumatio, id est moderatio, est vehementior, tunc questio est magis exposita et manifestior, et e converso. Et scias quod non formantur figure secundum quod intendit querens, nec secundum questionem ejus, et non formantur in eis nisi cum eo cujus portendit potentia esse, sive querat de eo querens aut non querat sic formantur sicut formantur in visione, et propter illud errat in illis qui credit quod intentio egrediatur in eis secundum omnem habitudinem in eis voluntarie, cum res non est ita et non formatur intentio in eis nisi quando est in eis quod est possibile esse, et cujus casus est necessarius...

Voici encore un passage sur les maisons du soleil ; il suffira de citer le commencement de l'exposé fait par notre auteur : ce sont choses connues d'ailleurs.

(Fol. 1 d) Et necesse est tibi cognoscere illud quod significat domus, ut inquiras omnem questionem in domo sua, et permisce significacionem domus cum significacione figure, et illud est, quia domus prima significat querentis, et quando formatur in ea figura fortis, significat bonitatem sui esse, et e converso. Domus 2ª est domus census et serviencium ; cum ergo formatur in ea figura bona, significat bonitatem census et serviencium, et quando formatur in ea figura infortunata, significat contrarium illius, et similiter in reliquis domibus. Domus 3ª est domus fratrum et propinquorum et cognatorum et motus parvi. Quarta domus est patrum et rerum innobilium et terrarum et hereditatum et omnis thesaurizati, et est significatrix super successiones, id est fines rerum. Quinta domus est filiorum et lucrorum et redituum et inimicorum (?) et epistole venientis et ciborum et potuum.....

Je ne possède d'ailleurs aucun renseignement sur cet *Hugo Satiliensis* ; j'ignore même quel était le lieu d'où il tirait son surnom. Il résulte de la rubrique initiale qu'il avait rédigé son traité d'après l'œuvre d'un certain « Alatrabulucus », qui devait être quelque astrologue arabe. Je crains que ce nom bizarre soit corrompu.

On a composé, au moyen âge, bien d'autres traités de géomancie. Voici quelques notes bibliographiques qui pourront être utiles à ceux qui s'imposeront la tâche de débrouiller cette partie encore bien obscure de la littérature du moyen âge [1]. On a vu plus haut que Christophe de Cattan mentionnait entre ses sources un livre latin fait par « Barthelemy de Perme ». On possède de la Géomancie de Barthélemi de Parme, composée en 1288, plusieurs manuscrits, conservés à Munich et à Vienne. Voir le mémoire de M. Narducci sur Barthélemi de Parme, dans le *Bulletino di bibliografia e di storia delle scienze matematiche e fisiche*, t. XVII (1884), pp. 19 et suiv. On n'en signale aucun manuscrit à Paris.

Mentionnons aussi la géomancie de Gérard de Crémone, datée de 1294, dont il existe des traductions en français et en italien, et sur laquelle on trouvera des indications bibliographiques dans un mémoire du prince Boncompagni [2].

J'arrive maintenant au traité de géomancie attribué à Ptolémée, roi des Arabes, dont j'ai dit plus haut quelques mots. Ce traité se présente sous la forme d'une traduction faite par Bernard de Gourdon, le célèbre médecin de Montpellier, en 1295. D'après quel texte (grec, arabe, hébreu ?) est faite cette traduction, on ne nous l'apprend pas. Tout ce que je puis dire, c'est que cet ouvrage n'est pas mentionné dans l'article que Littré a consacré à Bernard de Gourdon, *Histoire littéraire*, XXV, 321. Nous en possédons cependant deux manuscrits à Paris : Bibl. nat. lat. 7349, fol. 138, et 15353, fol. 87. Voici le début et la fin, d'après la seconde de ces deux copies, qui est de la première moitié du XIVᵉ siècle [3] :

---

1. Il n'est pas question de géomancie, pas plus au reste que l'astrologie du moyen âge, dans le livre d'A. Maury, intitulé *La Magie et l'Astrologie dans l'antiquité et au moyen âge*. Le titre de ce livre est bien trompeur.

2. *Della vita e della opere di Gherardo di Cremona, traduttore del sec. XII, e di Gherardo Sabbionetta, astronomo del sec. XIII*, Roma, 1851. pp. 100 et suiv. (extrait des *Atti dell' Accademia de' nuovi Lincei*, IV.)

3. La copie que renferme le ms. 7349 est incomplète. — Notons en passant que ce ms. renferme (fol. 130 vᵒ et suiv.) un traité latin de géomancie. « secundum Hermem philosophum ».

(Fol. 87). *Incipit archanum magni Dei revelatum Tholomeo regi Arabum de reductione geomancie ad orbem.*

Per hoc presens opus possunt cognosci exquisite presencia, preterita et futura in omni eo quod vult homo, in tantum quantum se potest extendere virtus orbis. Modus autem operandi in hac sacra scientia est hujusmodi : Fabricentur in primis decem domus, et in qualibet domo sint .iiij^or. linee punctorum, et puncta sint projecta a casu et a fortuna, sicut sit in geomancia, et prima domus attribuatur geomancie, secunda Soli, tercia Veneri, quarta Mercurio, quinta Lune, .vj^a. Saturno, .vij^a. Jovi, .viij^a. Marti, .ix^a. Capiti Draconis, .x. Caude Draconis. Ex prima figura eliciatur figura geomantica, ut per figuram habeamus signum, et per signum domum ; et si figura inventa fuerit Arietis, ponatur Aries in prima domo et alia signa per ordinem in domibus subsequentibus. Et si figura fuerit Piscium, ponantur Pisces in prima domo, et alia signa per ordinem in domibus subsequentibus ; et ita intelligamus de quolibet signo. Modus autem secunde domus linearum punctorum erit alter, quoniam puncta debemus in secunda figura, seu domo secunda, computare de .xij. in .xij., et quod remanebit, seu .xij. tantum seu infra, secundum numerum remanencium, pones primum planetam quod est Sol in hac ordinacione in domo principali, secundum correspondentem sibi numerum ; verbi gracia, si remaneant tantum .xij., pones Solem in .xij^a. domo, et si unitas, in prima domo, et si .vj., pones Solem in .vj^a domo, et ita de aliis numeris sibi correspondentibus ; et sicut dico de prima domo linearum punctorum, ita intelligitur de domibus et planetis subsequentibus per ordinem usque ad finem, sicut patebit oculata fide in subsequentibus per figuram patentem. Cum igitur volueris facere questionem, oportet quod sit de re licita et honesta et diu cogitata et per intencionem, et non ad illudendum.....

Fin (fol. 92 et dernier) :

Preterea intelligendum est quod pro uno negocio non debet fieri questio nisi semel, dum tamen fuerit bene projecta et intellecta et non dubitet quicquam de ea.

Si autem aliter bis questionem fecerit, illudetur, cujus ratio est quia, cum omnia ista fiant secundum motum et naturam astrorum, cum vultus inferior sit subjectus vultui superiorum (*lis. superiori ?*) et in secunda vice non inveniantur astra in eodem situ nec in eadem dispositione, cum continue moveantur, ideo nec est possibile quod responsio eadem habeatur. Pro uno igitur negocio prima questio verum determinat et alie sunt fallaces. Explicit.

Honor virtus et gloria, potestas et imperium sit Domino et Deo nostro Jhesu per infinita secula seculorum. Amen.

Translacio [1] *Magistri Bernardi de Gordonio phisici, regnante Bonifacio papa*

---

1. Cet explicit est écrit en rouge.

et...¹, electo in imperatorem, et Philippo rege Francie, filio quondam Philippi regis Francie, et Jacobo rege Majoricarum, et Berengario episcopo Magalonensi, et Audoardo rege Anglorum, et anno .xiij⁰ lecture nostre in phisica in Montepessulano, et anno Domini M⁰ CC⁰ nonagesimo quinto, die jovis ante Natale.

Il s'en faut de beaucoup que nous possédions encore tous les traités sur la géomancie qui ont été composés au moyen âge. Charles V, qui avait pour l'astrologie et sciences connexes une passion malheureuse, avait rassemblé dans sa riche librairie jusqu'à trente livres de géomancie². Il devait y avoir des doubles dans le nombre, et la plupart sont trop sommairement désignés dans les anciens inventaires pour que nous puissions les identifier, surtout lorsque le nom de l'auteur n'est pas donné. Disons toutefois que Charles V possédait les traités de Barthélemi de Parme (n° 738), et de Gérard de Crémone, si toutefois *Cremone* doit être restitué à la place de l'inintelligible *Nemaines* (n° 744 *bis*). Citons encore le « traité de geomancie compilé par maistre Jehan des Murs, en françois » (n° 740), deux exemplaires de la « geomancie de Morbec » (741, 742), « la geomancie maistre Pierre d'Espaigne, nouvellement compillée » (743), « la geomancie maistre Robert de Marmillon, anglois » (744). Aucun des livres de ce genre que possédait le roi ne paraît s'être conservé jusqu'à nous. J'ignore même s'il nous reste aucun exemplaire des traités de Jean des Murs, de Morbec, de Pierre d'Espagne et de cet Anglais appelé Robert de Marmillon.

A côté des traités latins, à prétentions scientifiques, qui ont été mentionnés plus haut, il a dû exister des livrets pratiques, en langue vulgaire, destinés à l'usage des sorciers de bas étage qui disaient la bonne aventure. L'un de ces livrets, qui recouvrait un ancien registre paroissial de Besançon, nous a été conservé. Il est en français et paraît avoir été écrit au commencement du xvᵉ siècle. M. Jules Gauthier, archiviste du Doubs, l'a publié, en 1882, dans la *Revue des Sociétés savantes* (septième série, VI, 204), sous le titre de « Grimoire d'un sorcier français de la première moitié du xvᵉ siècle ». Les groupes de points

---

1. Le nom, laissé en blanc, a été rempli à l'encre noire : *Adulpho*. C'est Adolphe de Nassau, mort en 1298.

2. Nᵒˢ 737 à 769 de l'inventaire dressé par M. Delisle, *Cabinet des manuscrits*, III, 149, 150.

placés en marge du manuscrit me paraissent bien être des figures géomantiques. C'est peut-être dans la même catégorie qu'il faut ranger un traité en prose provençale, que renferme le ms. Bibl. nat. lat. 7349, ff. 106-114, qui paraît avoir été écrit dans les premières années du XVe siècle. En voici les premières lignes :

Aisy es la manyera de far la sentensia de la sort. Premyerament, regarda la figura premyera que trobaras iilxiij. ves aquellas que te playra. Aysi es la significansa de las .vij. planetas : Saturnus sobre las m̃ lauties es alongament de malauties e pauretat e prezon e caytivier, e servis sobre los viels e rotas cauzas en esperansa, en eysin com si demande per .j. malaute, e sic jove, sapias que mays dampnaja al vielh que no fa al jove.....

Au XVIe siècle, les ouvrages de géomancie se multiplient. L'Italie paraît être le pays où cette pseudo-science conserve le plus d'initiés et de fidèles.

La géomancie, étant un dérivé de l'astrologie, n'en doit pas être séparée dans une étude historique. Comme l'astrologie, et plus encore, elle doit aux Arabes sa réduction en art. Sans doute, le nom même de géomancie est grec, mais les notions que les écrivains de l'antiquité nous ont laissées sur cette méthode de divination sont extrêmement vagues et ne nous donnent aucun détail sur les procédés employés [1]. Nos traités latins du XIIIe siècle dérivent plus ou moins directement des traités arabes. Ce que ces derniers ont emprunté aux Grecs reste à déterminer.

Revenons à nos poèmes.

Le premier poème, malgré la préférence accordée par l'auteur à la géomancie, en tant que méthode divinatoire, est proprement un traité astrologique. Maître Guillem montre comment on établit les douze maisons du ciel. Son exposé n'est pas toujours très clair, pour moi du moins. Puis il indique la signification de chaque maison. Toute cette partie est publiée ci-après. Ce qui vient ensuite serait inintelligible sans le secours de nombreux tableaux qui ne sont pas faciles à reproduire en typographie. Aussi ai-je fait photographier le verso du feuillet 109 où sont ces tableaux [2]. Même avec ce secours, je n'ose dire que je serais en état de tirer un horoscope ou de prédire l'avenir.

---

1. Voir le témoignage de Varron, conservé par Isid. de Séville, *Origines*, VIII, IX, 13.

2. La reproduction est légèrement agrandie, ce qui facilitera la lecture.

Après avoir donné les tableaux qui serviront à la divination, Guillem traite de l'influence des astres et poursuit en proposant une longue série de questions et en indiquant la manière de les résoudre. Le traité n'est pas très long : il n'a guère plus de 1550 vers, et par conséquent n'excède pas la mesure des textes que nous pouvons admettre dans la *Romania* : toutefois, reconnaissant humblement mon impuissance à l'expliquer en toutes ses parties, je ne crois pas devoir le publier en entier. Les morceaux transcrits ci-après suffisent amplement à en faire apprécier le caractère. Le texte en lui-même présente peu de difficultés ; c'est la matière même qui est obscure pour quiconque n'est pas versé dans la connaissance des sciences astronomiques au moyen âge. Mais un érudit bien au courant de ces matières réussirait sans peine à présenter un exposé intelligible de la doctrine enseignée par maître Guillem. Au besoin, je lui offrirais mon concours pour l'interprétation littérale du texte.

Le second poème est un traité de géomancie pure. Il serait trop long, en tout cas, pour prendre place dans la *Romania*, puisqu'il se compose d'un peu plus de 3700 vers. Et puis le sujet n'a pour moi aucun intérêt. Je crois suffisant d'en imprimer les 350 premiers vers et les 50 derniers. Je n'en saurais indiquer la source qui n'est, autant que j'ai pu le vérifier, aucun des écrits latins sur la géomancie qui sont parvenus à ma connaissance. L'auteur, du reste, ne donne à cet égard aucun renseignement. Rien n'empêche de supposer qu'il a traité sa matière d'une façon originale, sans s'astreindre à suivre servilement aucun de ses devanciers.. J'ai établi, pour les vers publiés plus loin, quelques rapprochements avec le livre de Christophe de Cattan cité plus haut.

Envisagés au point de vue du style, ces deux poèmes n'ont aucun mérite. Les répétitions, les mots de pur remplissage abondent. La versification est médiocre. Beaucoup de rimes ne sont rien de plus que de simples assonances ; ainsi, dans le premier poème : *astralabi-savi*, 29-30 ; *espera-bela*, 35-60. Dans le second, les mauvaises rimes paraissent sensiblement plus nombreuses : *fah* (sing. rég.) -*traitz* (pl. rég.) 41-2 ; *primei rastieira* 5-6 ; *tres-meseis*, 63-4 ; *vejayre-frayres*, 103-4 ; *edificamens-semblament*, 115-6 ; *sers* (lat. servus) -*fiels*, 133-4 ; *fort-morst* (pour *mortz*), 149-50 ; *jumentas-avinenta*, 245-6 ; *tart-verlat*,

279-80; *senhors lor*, 347-8. L'auteur du second poème accepte
parfois des rimes françaises : il emploie *fist* (prét. de *faire*) pour
rimer avec *Crist*, v. 2; il substitue la finale française *-er* à la
finale provençale *-ar* dans *trober*, v. 206, en rime avec *quer* (lat.
quærit), dans *signifier*, v. 222, en rime avec *desturbier*. On peut
relever encore, dans le second poème, une forme bien insolite :
l'infinitif *perder* en rime avec *aver*, vv. 100 et 288. Dans les
deux cas, le ms. porte *perdre*, mais la rime exige *perder*,
accentué sur la finale.

Il semble que les règles de la déclinaison soient mieux
observées dans le premier poème que dans le second : mais ce
dernier n'étant pas rimé exactement, la vérification est à peu
près impossible.

Le vocabulaire de nos deux poèmes est assez pauvre. Dans le
second, toutefois, on rencontrera quelques mots rares ou
même inconnus jusqu'à présent. Je citerai :

Breviana, via —, 107, voie brève; cf. plus bas un autre mot
formé de même, *sapia*.

Fafia, 316 Mistral relève *fafia, fafié*, en Languedoc, au sens
de « jabot d'oiseau », ce qui ne saurait s'appliquer aux *fafias dels
uelhs*; je pense qu'il s'agit des orbites des yeux.

Jugiator, 236, juge.

Jugiazon, 213, jugement.

Maltat, 130, ce qui est mauvais, l'opposé de *bontat*.

Mular, bestia —, 196, mulet.

Pigosela, adj. fém., 314, tachetée, grêlée ? Il s'agit de la figure.
Cf. Mistral, PIGOU.

Sapia, 12, sujet pluriel, en rime avec *ancia*.

Seguror, 272, sécurité.

Trempesa, 208, ce mot a visiblement le même sens que
trempadura, v. 201, *atrempe*, 178. Cf. *atrempada*, 102, *trempada*,
168, au même sens.

Les particularités graphiques du manuscrit offrent peu de
faits qui n'aient déjà été rencontrés ailleurs. La diphtongue *ai*
passe facilement à *ei* ou *iei*, ainsi : *ei*, habeo, I [1], 115, *yei*, I,

---

1. Par le chiffre romain I, je désigne le premier des deux poèmes; II
désigne naturellement le second.

48; *direi*, I, 144 ; *siei*, sapio, I, 29, 32, 39. J'ai traité de cette mutation dans l'introduction à la chanson de la croisade albigeoise, pp. cxij et cxiij, et ici même, XVIII, 423. Elle s'observe sur un territoire étendu, comprenant, l'Aude, le nord de la Haute-Garonne, le Tarn, le Tarn-et-Garonne, la Haute-Loire, la Lozère. Du reste, le copiste ne cherche pas à être conséquent : il emploie fréquemment les formes habituelles: *ai, ay, say*, I, 21, 22, 89, 101, 102, 105, 111, etc.

Les finales en *tz* sont bien souvent précédées d'une *s* adventice : *senhalastz*, I, 38; *asastz*, I, 39; *nastz*, I, 63; *senastz*, I, 64, *eredastz*, I, 207, *prastz*, II, 113; *semenastz*, II, 114; *orstz*, II, 113. J'ai donné de nombreux exemples de ce phénomène ici-même, XIV, 546. On l'observe fréquemment dans les Bouches-du-Rhône, le Gard et l'Hérault, mais sans doute aussi ailleurs.

Je signalerai encore l'infinitif *dizer*, I, 123, que nous avons déjà rencontré ailleurs (*Romania*, XXV, 102); mais il y a *dire* en rime (I, 107).

Le mot, qui s'écrit ordinairement *eissamen* (*ysshamen* dans les *Leys d'amors*), se montre ici sous des formes variées et peu communes : *ichemen*, I, 31, 35, 61, II, 26, 135, 16ː, 284; *ichemens*, I, 39, 79; *eycimen*, II, 142; *eichemen*, II, 262; *isiment*, *ysiment*, II, 60, 69. La substitution de *ch* à *ss* n'a rien d'insolite : les exemples en abondent dans la chanson de la croisade albigeoise; mais ce qui est plus particulier, c'est l'affaiblissement de l'*a* en *e* ou *i*.

Les caractères linguistiques sont trop peu nombreux et surtout trop peu fixes pour nous permettre de déterminer avec une approximation suffisante le pays d'origine de nos deux poèmes; tout ce que l'on peut dire, c'est que le manuscrit au moins doit avoir été écrit dans la province de Languedoc, et c'est ce qui résulte aussi, avec une certaine vraisemblance, de la description que j'en ai donnée. Quant à la date, je suis porté à croire que les deux poèmes ont été composés vers le commencement du xive siècle. Je ne vois pas de raison de les croire plus anciens, et le manuscrit — on l'a vu plus haut — ne saurait être postérieur à 1332 ou 1333.

EXTRAITS

PREMIER POÈME, PAR MAITRE G.

(Fol. 108)

El nom nostre senhor Jhesus
Volh far saber lo mai el plus
Enqueras de ma savieza.
4 Nulhs no m'o tenha a foleza,
Car sens e tesaurs rescondut,
So ditz Salamo, es perdut;
Per que ieu no vuelh que perdut
[sia
8 Mos saber, enans me plairia
Que fos be saubutz pels sabens
Es entendutz pels entendens
Mos romans, que petit comte,
12 Mas molt es grans qui l'enten be,
Car Ptholomeu lo fetz el det
A sa filha que molt amet,
Trah de la flor d'astronomia,
16 Pausan lo plus cert que el sabia,
Per que el preterit saubet
El prezen el futur dichet,
Ab ganre de plazens demandas
20 E de questios fortz e grandas;
E per so ai lo traslatat
E l'ai en [pla] romans tornat,
Tot mot e mot, senes falhir,

24 Car prec d'amic deu hom ausir,
Ab l'ajuda Nostre Senhor,
Senes [cui ?] re non ha valor.
Ponit suum tractatum.
Eras aujatz, seus plas, cals es
28 Mos sabers, e nos enoh ges.
Yeu siei be com va l'astralabi,
E del perpendicle soi savi,
E del cadran tot ichemen
32 Siei[yeu]tot so que hom n'enten;
E dic per .xxviij. leisos
Als homes totas lor faisos;
Ichemen conosc per l'espera
36 Una gran paurala [e] bela,
Quel signe dic en c'om es nat[z]
El senh de c'om es senhalastz.
Pro e asastz siei ichemens
40 Dels vertadiers esperimens
De naturals, de nigromansa,
E dels elemens la mudansa.
Mas tot sest saber no pretz re
44 Escontra l'autre, per ma fe,
Car per l'art de geomancia
E per l'autra d'astronomia
Vei aquest saber oblidat

---

6 Eccl.., xx, 32 : « Sapientia absconsa et thesaurus invisus, quæ, utilitas in utrisque ? » Cf. le début du *Documentum honoris* de Sordel :

Aissi col tesaurs es perdutz
Aitan con istsi esperdutz,

et les passages analogues cités par M. de Lollis à propos de ces vers, dans son édition des poésies de Sordel. — 7 Ici comme au v. 16 et ailleurs, il faut élider l'*e* de *que*; de même l'*e* de *ma* au v. 51. — 17 On est tenté de substituer *lo* à *el*. — *Saubet* est une forme de prétérit bien étrange. — 28 *nos* pour *nous*. — 30 *Perpendicle* signifie « fil à plomb »; voir Du Cange, PERFENDI-CULUM, et Godefroy, PERPENDICLE, PERPENDICULE. — 36 *paurala* pour *paraula*.

48 C'aissi vos yei dih ni contat;
Mas s'en aquesta pauzil cor,
La noh el dia e m'i demor,
E estudi me e sab mi bo,
52 Car molta bela questio
Ne pot jutgar qui savis es,
E sim fau yeu, si m'ajut fes.

Per la gran art d'astronomia
56 Ab l'autra de geomancia
Dic yeu [so] que es ver, e volh
Nulh no m'o tenha a orgolh.
A home dic be per que ve
60 A mi e so que e la ma te,
E dic lhi be tot ichemen
Si deura vieure longamen,
E d'efan petit cant er nastz
64 Se ja sera fois ni senastz;
Per las artz conosc sa semblansa
El mestièr que aura ses erransa.
D'un' autra cauza dic vertat :
68 Si lh'er bon estar en sieutat.
A home dic cans fraires ha
E de lairo vas cal part va.
E una autra cauza dic granda :
                          [(b)
72 Se ja cobrara sa comanda
O so que de lhui s'er lonhat
Ol deude o la heretat.
Enqueras dic a home que va
76 De foras se jan tornara,
Ni se lh'er bona companhia;
De vilat o de carestia,
E de malautes ichemens ;
80 De moltas batalhas de gens,
De perd[r]e, de foc o de laire
Si es be ver dire e retraire.
Ha home dic be, ses mentir,
84 Vertat a qual mort deu morir,
Segon quelh libres razona,

Se pot esser mala o bona.
A clerge o a layc fau saber
88 Se pot d'autre home aver.
E say de comprar e de vendre
Lo ver dire, quim vol entendre.
D'ome pres dic se ichera
92 De la preizo o si e morra.
De femna dic gran meravilha,
Se es prenhs de filh o de filha.
Ver lhi dic si deu aorar,
96 O deu morir o deu lhieurar.
Una autra cauzalh dic que es
                          [grans :
Se a sa vida aura efans.
Aital savieza m'es dada
100 Be conosc se es fachillada.
Un autre saber ay plus ric :
Qu'ieu say se femna ha amic
O n'a agut o s'en aura,
104 O se castedat mantenra.
Tot aysso say per aquestas artz,
E plus, per que es mos cors gal-
                          [hartz,
C'aissi no dic ni no volh dire,
108 Car greu siria per escrire;
Per so m'en laihs, si m'ajut fes,
E platz me que a l'amic cortes
Per cui ay aysso comensat
112 Demostre de tot la vertat.

Astronomia es de gran afar,
C'a penas puesc home trobar,
Aitant cant ey vistz ni auzit,
116 Qu'en sapcha se no molt petit,
Que tota l'art es corrumpuda
E pels avols maestres perduda,
Car no sabo l'arengamen
120 De las cauzas ni l'intramen,
Ni no podols planetz trobar
Com cazen jos ni lor levar,

---

49 Corr. *Mas en?* — 82 Corr. *Siei be?* — 85 Corr. *que lo libras,* ou suppl. [o] après *libres?* — 88 *home,* corr. *honor?* — 92 *e,* corr. *en,* ou ne faut-il pas lire *e[i]?* — 105 Corr. *Tot so,* ou *estas.*

Que vol dizer exaltacios,
124 El cazers el descencios;
Ni sabo trobar per l'espera
Ni per l'astralabi enquera
Dels planetz lor ajustazo
128 Que hom apela conjunctio,
Per que maestre G. ditz,
Que ha sercat de tot la raïtz,
Qui vol obrar d'astronomia
132 Que hom ponche com geomancia
Plus leugieiramen mil tans
C'ap astralabi ni cadrans
Ni ab las taulas dels tres reis
136 Ni ab los aus ni ab los mes
Ni ab los jorns ni ab los gras, (c)
Car el de tot era fort las,
Ni ab las taulas toletanas
140 De que hom ditz motas ufanas;
Que el o a tot essajat,
C'anc no trobet tan de vertat
Com en est libre solamen.
144 Eras vos direi apertamen,
Quei volh non far longa demora.
Assi non cove gardar hora
Ni l'ascendens qu'es lo pojans,
148 Mas que hom puncte, com dih
[enans,
[4] lhinas, e deus ne traire
Una figura, so m'es vejayre,
Com fan tuh lhi geomancia,
152 E pueih garde ha una ma
La figura que tracha n'aura
E veja cals signes sera :
Se es aquisicio meta y Aries,
156 E pueihs los autres en apres
Pel zodiac tot en viro,

C'aissi deu far segon razo
Dels .xij. signes per natura,
160 C'aissi o mostra la figura.

Sol .xij.	....
Venus .xj.	....
Mercurius .viij.	....
Luna .viij.	....
Saturnus .v.	....
Jupiter .iiij.	....
Mars .iiij.	....
Capud .vij.	....
Cauda .vij.	....

Cant tot aiso auret gardat,
Le sol cove que aias trobat
En cal signe e pueih Venus,
164 Mercurius, Luna, Saturnus,
Jupiter, Mars, Cap de drago,

---

124 Ms. *es d.* — 133 Vers trop court. On pourrait placer *au commencement*
du vers *hom* qui peut être retranché au vers précédent sans inconvénient
pour la mesure; *mil tans*, ms. *mils stans.* — 144 *Eras*, corr. *Er.* — 145
Corr. *Que noi volh* f. — 148 Cf. v. 132. — 149 Le chiffre qui commençait
le vers est effacé : cf. v. 171. — 150 *Una*, corr. *Tal?* — 153 Suppr. *n'*, pour
la mesure? — 157 *Pel*, corr. *Del.*

E la Coa, trastuh I sso.
Cant volres lo planet trobar
168 En cal signe es son estar,
En aventura, cum primayria,
Puncharas avan tota via
4 lhinas per cadaü;
172 Pueih comtaras los punhs .j.,
De .xij. en .xij. los partires
E lo sobreplus retenres;
Se rema .xij. el .xij.
176 E segon cascus nos cove,
Que en aquel luoc on finira
Lo comte, aqui intrara
Cascuna planeta per ver,
180 Si com aissi podetz vezer :

(Fol. 109 r° d)

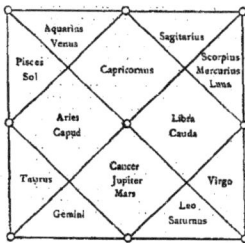

Apres aisso deves saber
De cascuna maiso lo ver,
Cals es e de canha natura,
184 Segon que es fort bona o dura.
La primieira es comensamen
De vida e de naysemen,

E es d'aquel que fa la demanda,
188 Cal que sia, pauca o granda;
So es de cogitacios
O d'autras operatios.
La 2 es de son aver,
192 Se ja n'aura mati o ser,
O enqueras es d'autre afar,
De perdre o de gazanhar
O d'autras adquisitios
196 O de negociaclos.
La 3 es d'autres afaires,
Que es de parens e de fraires
E de la via breviana
200 Qui la vol faire per setmana,
S'es d'aycels que amo la fe,
E d'alcu mandamen que ve,
E es de mayos mudamen
204 E de patz am propi paren.
La .iiij. es de sa heretat
Del paire que l'a engenrat,
E fay nos de eretastz respostas
208 E de totas cauzas rescostas.
La 5 es d'autres mandamens
E de filhs e de vestimens
E de mesatge e d'escriptura;
212 Maio es bona e segura.
La 6 es mala e breus,
De malautias fortz e breus,
E de sirvens e de menut
216 Bestial mostra sa vertut
Petit que hom so de laboransa
(S. com sia de laboramen).
La 7 est d'autra semblansa,
Que es d'enemic, de molher
220 E de companhia enquer
E de batalha ichemen,
E es de tot contrastamen
On cia oposicios,

169 Vers trop long; suppr. *cum*? — 172 Suppl. [*per*] après *punhs*? — 175 Le second .xij. doit se lire *dotze*, adjectif, accentué sur la finale. — 183 D'ici au v. 232 on rencontrera beaucoup de vers qui se retrouvent dans le second poème (vv. 88 et suiv.). — 187 Suppr. *la.* — 201 *S'es*, il y a plutôt *ges.* — 213 *breus*, corr. *greus*. — 217 *que hom so*, corr. *com es*? La ligne qui suit ce vers est une sorte de glose.

224 Coma plah o aitals razos.
La .8. es mala e fort
Que es de paor e de mort,
De damnage o de recobrar
228 E de heretat de mort gazanhar.
Ptholomieu ditz que la 9
Es tals quals peregris amena
E moltas vias que son longas
232 E sapiensas e mensongas
E homes clercz relegios,
Pistolas e naratios.
E la .x. de la vertat (v°)
236 La otra on ha dignitat,
Que es de reis e d'emperadors,
De maestres e de senhors,
De jutges, e qui montara
240 En dignitat o la perdra.
La .xj. es d'esperansa,
D'amic, de lauzor ses dopdansa,
E es de tota aventura
244 Ques deu far en mercadura,

E d'amicx en necessitat,
Del temps futur la calitat
Vos demostra e vos amena.
248 Mas fort es mala la .xij.,
Car de carcer e de preizo
Demostra la envenizo
E la mort el retenemen
252 El maltrah e l'abaisamen,
E bestia qu'es de cavalgar,
Com el libre poires trobar.

Apres aisso deves saber
256 De cascuna planetal ver
[E] dels signes, tot ses error,
Lhi cal so freg o de calor,
De cascu sa complexio,
260 Si com Algazel nos espo
De cascu signe sa natura
En aquesta presen figura :

(*Figure*; *voir le fac-similé.*)

Voici les principaux passages où l'auteur cite ses autorités :

(Fol. 110 v° *a*)

GRAMAT DE BABILONIA essenha
C'om se deu fort donar essenha
E metre se del tot en granda
Se om poiria trobar sa comanda;
E vols ne saber la vertat ?
Se el segon as [1] mal trobat
E ab so senhor ichemen,
Jes no noret [2] ni s'l cossen,
Mas si en lo segon bo sia
E am so senhor tota via,
Sa comanda leu cobrara
D'aicel cui comandat aura,
E sel senhor segon es mals

E ab lui sia atrestals
O en lo segon ichemen,
Re non ret, enans se desmen.
. . . .
. . . .

(Fol. 110 v° *c*)

ZAEL nos mostra breu e leu
Una regla bela, non greu.
Se voles far [3] questio
Se femna enprenha o no,
Lo senh primier regardatz,
E s'[en] el 2 angles trobatz
O .v. el primier ichemen,

---

229 Le *9* doit se lire *novena*. — 235-6 Corrompu. — 244 *Ques*, corr. *Que si*, ou substituer *faire* à *far*. — 256 Ms. *planeta lo ver*.

1. Corr. *a*? — 2. *Sic*, lis. *Jes non o ret*? — 3. Corr. *faire*, pour la mesure ?

Emprenhar pot leugieiramen ;
E si es prenhs podes saber
Per aquesta razo lo ver;
Mas se lo contrari hi apar
Ges non es prenhs ni nos pot far;
Mas se lo senhor .v. avenha
El quint, ben es prenh e enprenha.
Can lo senhor .v. trobaras
En signe aital juggaras
E que la luna am lhui sia
No falhires en nulha via.

. . . .
. . . .

(Fol. 111 r⁰ a)

Aquesta regla nos retrahi
Se vols ¹ saber d'un filh que ai
Se es mieus o no es aitals,
Que adés puesc saber se es lials :
Can Mars e la Coa drago
El prim cel .v. angle so,
E Saturnus lhi vay e cor
O alcun d'els am lor senhor,
L'efas d'aûlteri es nastz.
Mas si bos planetz hi ~s trobastz
Tot en aissi com ditz davan,
Per lial puesc tener l'efan,
E sel senh primier estay
El .v. o ab so senhor lay,
Lial es be certanamen ;
E del senh ⁵ ichement
Cel trobatz en la primayria

O ab son senhor tota via,
L'efan puesc be per meu tener,
PTHOLOMIEUS nos o fay saber.
D'aysso tray auctoritat ² PTHOLOMIEU,
Car non o ay de mon cor ieu
Aisso que dic en l'escriptura.

. . . .
. . . .

(Fol. 111 r⁰ b).

Ditz maestre HUC DE SATALIA
Que hom garde la malautia
Lo primier signe cal sera,
E si Saturnus o Mars lhi esta
E del drago la mala coa,
Que tot lo mon te en roa,
E son senhor am mal esti,
Lo malautes mor ieu aqui ;
E sel senhor primier es bo
Trastota dizo que sanara,
Mas a la fi pero mor[r]a.

. . . .
. . . .

(Fol. 111 v⁰ a)

So nos retrai ALBUMAZAR
Que hom se deu gran sen donar
E que gart be l'astronomia
Enans que prenga companhia
D'ome o de femna, e gart
Selh deu be venir de sa part...

Je reviens un peu en arrière et je cite encore quelques vers pour les rapprocher de l'*Archanum magni Dei*, qui est en somme la source principale du poème.

(Fol. 110 r⁰ b)

Apres tot aisso mantenen
Aujas questio molt plazen :
Se lo nom ³ d'ome vols trobar
Lo primier signe deus gardar

E la letra que tu prendras⁴
De las letras que i trobaras,
C'aycela en tota manieira
Es del nom la letra primieira.
Cascus planet .ij. ne te :

---

1. Corr. *vuelh.* — 2. Corr. *auctor.* — 3. Ms. *nòms.* — 4. Ms. *prendes.*

L'una del signe, l'autra a se
Que es tracha de la planeta,
Pucihs de las autras s'entrameta,
Las del .vij. e del dotze
Las letras de la metat rete
Del nombre menan tota via,

Vas la quarta que fis sia
Car que mielh al nom avenra
Una de .ij. ne penra,
C'aissi no poyra falhir
Se sab be lo nom devezir.

Le lecteur ne comprend sûrement pas grand'chose à cette explication. Ni moi non plus, mais le sujet est si peu intéressant que cela n'importe guère. Il suffit qu'on puisse se rendre compte du rapport qui existe entre ces vers et le morceau ci-après de l'*Archanum*. La concordance n'est pas douteuse.

(Bibl. nat. lat. 15353, fol. 90)

Incipit exequcio libri particularis. — *Capitulum de nomine inveniendo.*

Si volueris scire nomen alicujus, questione facta et geomancia projecta et figura ordinata, respice signum prime domus et dominum ejus, et vide que littere alphabeti attribuuntur ei, quoniam illa littera vel ille littere erunt in principio dictionis nominis quesite (*corr.* quesiti); postea respice signum septime domus et dominum ejus et signum .x. [1] domus et dominum ejus, et vide in tabula que littere attribuuntur eis, quoniam iste littere vel illa littera erit vel erunt in medio dictionis nominis quesite. Postea respice signum quarte domus et dominum ejus, et vide que littere attribuuntur eis, qu a illa littera vel ille littere erunt in fine dictionis. Et est intelligendum quod cum omnes littere non sint bene conjungibiles utpote multe vocales simul, aut multe consonantes simul sine vocali media, ideo sapiens indegator (*sic*) debet cum cautela considerare que littere magis conveniunt adinvicem, et secundum illud nomen formare aut elicere per viam racionis omnia nomina que possunt elici ex illis litteris; et unum ex illis erit nomen quesitum, hoc tamen supposito quod littere primi signi et domini ejus sint semper in principio nominis, et littere septimi et decimi et dominorum sint in medio nominis, et littere quarti et domini sint in fine nominis quesiti, secundum tamen quod littere melius poterunt ad invicem convenire. Unde littere signorum et dominorum patebunt in subscripta figura.

La figure annoncée n'a pas été exécutée; la place qui lui était destinée est restée vide.

Ce rapprochement suffira. Je me borne maintenant à citer les derniers vers du poème (fol. 112 r°c) dans lequel on retrouvera encore matière à comparaison avec les lignes finales de l'*Archanum* :

---

1. De même plus bas *decime*; mais d'après le poème il s'agirait de la douzième maison.

Maestre Levi nos retray
Que per paor ni per assay
No deu nulhs hom far questio
Seno calacom questio [1],
Car molt leu poir[i]a fallir.
Lo maestre gart e cossir
D'aicel que questio fara
En cal forma demandara,
Se fay esquerhn o vol proar;
E se o conoihs, deu s'en layssar.
Pueihs recomta nos Ptholomieu [2]
Que jes questio far non deu [3]
Plus de una ves per una re,
E say dire razo per que :
Car s'en faihs [4] .ij. nos semblarant
Per una re, ans falhirant
Per so car lo movemen [5]
Del cel don pren figuramen

En .j. metheis ponh non estai,
Per que la questio te [6] fai
El ponh meteihs no pot venir,
Car assegre ni acomplir (d)
Lhi cove tot naturalmen
Lo ponh el loc de figuramen [7];
Pero terme e acordansa
De[u] pauzar segon s'esperansa,
C'aissi [8] jutgara tot pla
Per l'aut movemen sobeira,
Si com [ieu] ai dessus mostrat
En lo libre que ai acabat,
Don fau gracias e lauzor
A Jhesu Crist nostre senhor
Quem donet lo comensamen
E fah venir al fenimen,
E sian lauzat e grazit.
Aissi mos romans es fenit.
                                    Amen.

Le fol. 112 verso contient divers tableaux, avec légendes latines, se rapportant au poème précédent. Viennent ensuite (ff. 113 recto et verso) divers morceaux, en provençal ou en latin, qui ont trait à la divination. Ils sont écrits à quatre colonnes comme le poème précédent. Je vais en transcrire une partie :

(Fol. 113) Se vols saber vertat d'alcuna causa, vai t'en a la glieja e prega Nostre Senhor, e aias .j. sauteri e digas los .vij. salmes espiritals el *credo in Deum* el *Pater noster*, .iij. vetz ; e tot aisso digas de jenolhs, que Dieus te mostre aquo quelh queres; e sarra lo sauteri, e obre lo pueih a l'aventura, e vejas cal letra venra primieira el cap de la pajena a la ma esqueira, que per aquela conoicheras.

A es vida e poders;
B es poder de poble;
C es mort d'ome;

D es tribulatios o mort;
E es alegres e gauh;
F es noblezas;

---

1. Corr. *Ses c.* [*en*]*questio*? — 2. Cf. la fin de l'*Archanum*, ci-dessus, p. 251. — 3. On serait tenté de corriger *deu*[*s*] et au v. précédent *Ptholomieu*[*s*], d'autant plus que quatre vers plus bas il y a *faihs*, à la seconde personne, cependant la suite montre qu'il faut s'en tenir à la troisième personne. — 4. Corr. *faih*. — 5. Vers trop court. — 6. Corr. *que*. — 7. Vers trop long. — 8. Corr. *Qu'en aissi*?

G mort;

H mort de femna;

I es bona vida;

K es alegriers;

L alegrier e conort;

M cocirier e dolor;

N visitamens o vida;

O poders;

P salut;

Q vida e savieza;

R home restaurat de blasme;

S sanetat de tota gen;

T ira;

V marrimen;

X vizitamens de parens;

Y que tot can volras ni deziraras te [venra;

Z riqueza;

& creisemen de tot be [1].

Et hoc debemus bene custodire sicut fecit David et est verum.

Generationes Abraam usque ad David sunt .xiiij., et a David usque ad transmigrationem Babilonis sunt .xiiij., et a transmigratione usque ad Christum .xiiij.

La regla de multipliar comensa aissi : comensa a aquel nombre que es apelat digit e so da .j. a .x. Debetis scire quod omnes computi arismetice habent tres numeros et non plures, et debetis scire quod altior numerus vocatur ab uno usque .x., et iste vocatur digitus, et de .x. usque .xx. compositus, et de .xx. usque .c. articulus.....[2]

(Fol. 113 r° c) Can la luna sera en Aries, bo es comensar cami per terra vas Occiden, e bo es armar galeas e comprar escustz, espazas e tota armadura, e bo es mudar de .j. loc ad autre, e prestar monede (sic) e metre efans en escola, e intrar banh; e no es bo bastir tor ni palays ni maio ni plantar albres ni vinhas. Aquest signe es maios de Mars, e es movable e cal e sec fogienc e esta en Orien, e a dels membres d'ome lo cap e las aurellas e la cara; en aquest signe no fasas medicina en aquestas parstz.

Cant sera en taurus, bo es bastir castels, tors, palais, maios, albres, car l'en creisso, e talhar albres e plantar vinhas....[3]

Ces indications données pour tous les signes du zodiaque, notre manuscrit passe à une autre série de présages où le caractère physique et moral de l'homme est mis en rapport avec les douze signes (fol. 113 v° a) :

Aries es lo primier signe, e fa aver lo cap pelos fortmen e fort e cara longa coma aret, els olhs rohs el col lonc el cors fusc declinan a negror, e es home pro gran e fort, e .j. pauc corp, e fa home vergonios e de malas costumas el may mensongier, mas que s'en refrena per la vergonia e requer honors.

Taurus dona fron lat e cara corba e lo nas lonc am los traucs corps e

---

1. C'est le même procédé de divination que dans un texte français du XIVe siècle publié, d'après un ms. de Modène, par M. Camus (Revue des l. rom., 4e série, V, 205-6).

2. Voir, sur ces dènominations, Hist. litt., XXII, 70.

3. Cf. ci-dessus, pp. 238-9.

amples, los olhs gros e molt pels drehs e negres, el col gros, e es vergonios e
regarda a terra e va onestameu, e greu se irahs e te ira lonc temps.

Gemini fa home de mejana estadura el piehs ample e la cara pauca e assat
bela, e es de bona crezensa e de bon entendemen e natural e entendens.

Suivent quelques notes latines d'où peuvent se déduire des
notions précises pour la date du manuscrit.

(Fol. 113 v° *b*) Hec sunt loca planetarum .xliij. die mensis Marcii,
anno Domini .k.ccc.xxxiij., quando sol intravit primum minutum Arietis :
Saturnus in Virgine 15 ; Jupiter in Aquario 2 gradus, et est dominus anni...
(*Ibid. c*) *De conjunctione planetarum.*

Hec sunt loca planetarum anno Domini .m.ccc.xxxj. perfecto, in .xiij. die
marcii, quando sol intrat primum minutum Arietis : locus Saturni in 4° gradu
Virginis ; locus Jovis in 3° gradu Capricorni ; locus Martis in 24° gradu Capricorni.....

Le fol. 114 recto est occupé par un tableau des signes du
zodiaque avec le jour de l'entrée du soleil dans chacun d'eux.
Le verso de ce feuillet est blanc. Au fol. 115 commence le
poème sur la géomancie.

SECOND POÈME

Nostre senher Dieus Jhesu Crist	Traysero est art per gran saber,
Que cel e terra e mar fist	E car pot hom trobar lo ver
E totas autras natios	Per gëumancia plus breument
4	16 Et els telas (*sic*) lo judjament
Volc demostrar per escriptura	Per astronomia no fay.
E per orde e per natura	Aras aujas cum nos retray
D'art que hom apela astro-	Gëumancia ayso que es
[nomia	20 E so que fo, c'avenir es.
8 De que es tracha gëumancia,	Vos diray tan en general
E car astronomia es tan greus	Trastot per orde ben e mal,
E i pot hom peccar ben leu,	Mas premier me cove tractar
Li bo maestre ancia	24 Ayso c'om cove a gitar.
12 Elh filozofe sapia	Qui la geumancia gitara

1. *die* est ajouté par une main plus récente.

4 Vers omis. — 9 Suppr. *tan.* — 16 Corr. *E d'estelas?* Le sens est : « et
parce qu'on peut arriver par la géomancie à trouver la vérité et le jugement
des étoiles plus vite que par l'astronomie. — 25 Suppr. *la*?

Una taula blanca penra,
E pena e tencha ; per tal mesura
28 Ira ponen per aventura :
. . . .
. . . .
. . . .
. . . .
Mas sa pregueira deu far primier
A Dieu merse d'aquo que quer
Que lhi demostre veramen,
32 E pueil.s punche tot a presen
.xvj. linas, [mas ?] non egals,
Per un palm las deu hom far aytals,

La una pauca, l'autra gran,
36 Si com lhi det son en la man,
E puehis desfasals ponhs dejos
Am la pena de dos en dos
. .—. —. . . —. . . —. . —.,
. . —. . —. . —. . —. . —. . —.,
. .—. . —. . . —. . —. . —. . —.,
. . —. . —. . . —. . —. . —. . —.
E se en la fi remanga
40 Un punh o dos pasar los a.
E pueihs, cant ayso auras fah,
Prenga los ponhs que auras traitz
De las linas per tal manieira

---

28 J'ai compté les points. Il y en a bien 13 pour les deux premières lignes et 14 pour les deux autres. — 29 Ms. *primiera*. Le vers étant trop long on pourrait supprimer *mas* ou *sa*. — 34 Suppr. *hom*. — 35 Cattan s'exprime plus clairement : « Il (l'acteur) formera doncq quatre premieres lignes de poincts a la semblance des quatre doigts de la main senestre sans les compter, tellement toutesfois que pour le moins il y en ait jusques a quatorze a chacune ligne, dont la premiere sera assez grande à la maniere du premier doigt appellé index ; la seconde plus longue, à la façon du second doigt nommé medius ; la troisiesme plus courte a la maniere du troisiesme doigt appellé medicus ; la quatrieme plus petite que toutes les autres, à la façon du petit doigt nommé auricularis » (l. I, ch. III). — 37 Je ne sais si *desfasa* est correct ; cependant, à la rigueur, cela peut s'entendre : l'idée est que les points doivent être joints deux par deux. Deux points liés par un trait ne sont plus des points ; on peut dire qu'ils sont « défaits ». Voici ce que dit Cattan, au commencement du chap. IV : « Après que les seize lignes de points auront été formées, il fault prendre les dits poincts de deux en deux, les liant avec un trait de plume ». — 40 Ms. *los sa* ; la rime est mauvaise, et le sens est obscur. L'auteur veut dire qu'il faut laisser au bout de la ligne un point ou deux isolés. Cattan (*l. l.*) : « Et quand on sera au bout de la ligne, si les derniers poincts sont pairs, il les fault laisser pairs ; s'ils sont non, les laisser non, sans les joindre par le dict traict de plume. » — 41, 42 Corr. *aura*. L'explication donnée ici est obscure, et la figure qui est entre les vers 38 et 39 est défectueuse en ce qu'elle laisse un point isolé au commencement de chaque ligne (ou à la fin, si on commence par la droite), tandis qu'il devrait y avoir tantôt un, tantôt deux points, comme il est dit aux v. 39 et 40. Le sens doit être qu'il faut mettre à part les points isolés qui se trouvent à la fin des quatre premières lignes et en constituer ce que l'auteur appelle une maison, puis procéder de même pour les lignes suivantes quatre par quatre. On aura ainsi pour les seize lignes quatre maisons qui pourront présenter ces figures que j'emprunte à Cattan (ch. V) :

.   .   .   . .
.. .   .
..   . .
.   .   .   .

44 E per trastotas las enquieira :
Se troba dos, metals desus,
E si autres dos, metals dejos ;
Se .j. e .j., tot atrissi
48 Un sobr' autre pausa los aqui.
De las 4 linas que trobaras
Una mayzon establiras,
De las autras 4 una mayso,
52 De las 16.4, que aytantas so.
Pueihs, d'aquelas mayzos prenga
. . . .
Que so 4, las primeiras,
56 Si com son asizas a tieira,
Los ponhs desus e sels depinte
Un sobr' autre, pueihs fasa la 5te,
Pueihs la 6 e la 7
60 Tot isiment e la 8.
De la primieira e de la segonda
El establisca e aonda (b)
La 9 ; si troba tres
64 Metals per ponhs aqui meseis,
S'en troba 4 per 2 los meta,

Un sobr' autre, pueihs s'entra-
[meta
De las 4 a rengar :
68 De la tersa e de la quarta la deu
[far,
Que tot ysiment la .xj. de la 5 e
[de la 6 ;
E la 12 fasa apres
De las maizos que son remasas
72 . . . .
So es la 7 e la octava ;
E pueihs, qui contra sus tornava,
La 13 fay de la novena,
76 Eisimen de la .x.
E la 14 de l'autra part
Pot el ben far per aytal art
De la .xj. e de la .xij.,
80 E pueihs si fassa la 15
D'aquelas doas, si com ay dih ;
E gart se que ges no s'oblit :
Si son non pars a la finida ;
84 Falhit aura en la maestria.

---

44 *las corr. los* (les points). — 48 *Corr. pausals.* — 49 Suppr. *linas.* — 51 Vers trop long ; suppr. le chiffre 4 ? — 52 Suppr. *que* ? — 53-4. Il faut probablement corriger :

> Pueihs, d'aquelas [4] mayzos
> Prenga . . . .

Mais je ne sais que proposer pour la fin du vers. — 55-6 Mauvaise rime. — 57 *Depinte* est le subj. pr. de *depintar*, « peindre ». — 58 Vers trop long. — 59-60 Je ne vois pas comment ces deux vers peuvent rimer : *setena* et *uchena* ? — 67 Ce vers est trop court et obscur. Il s'agit ici (depuis le v. 53) de la construction de nouvelles figures en prenant d'une certaine manière des points dans les quatre figures constituées d'abord. Tout cela est expliqué plus clairement dans les traités plus récents, notamment dans Cattan. Ce dernier appelle « mères » les quatre premières figures ; il montre comment « de ces quatre mères s'engendrent quatre filles », ce qui fait huit figures, puis comment, à l'aide des mères et des filles on forme quatre autres figures qu'il appelle « nièces », ce qui fait douze, lesquelles douze servent à former trois nouvelles figures (ch. v, vi, vii). Nous arrivons donc, comme dans notre poème provençal, à un total de quinze figures. — 72 Vers omis. — 79-80 Lire *dozena* et *quinzena*, à la rime, comme au v. 76 *dezena*. — 83 Après ce vers le ms. porte : *La primayrana es de vida*, vers qui reparaît à sa place, un peu plus loin (v. 88). — Le copiste s'est aperçu de cette erreur, car il a écrit en marge *vacat*. A la vérité, *finida* ne donne pas une très bonne rime avec *maestria*, mais il y a, dans ce texte, bien d'autres rimes imparfaites.

Non son que 15 las maios
Don me cove dire los noms
De totas tro en la fenida.

88 La primayrana es de vida
E de la sanetat del cors d'ome,
E la primiera letra del nome
E del pesamen del corage,
96 Et es hom de fol usatge
De son senblant, de sa faytura,
O es mayzon d'atrempadura.
La segunda es d'aver,
100 Sel pot gasanhar o perdre;
Aquesta es d'aytal manieira
Atrempada cum la primieira.
E la tersa, so m'es vejayre,
104 Es de parens e es de frayres
E dels parens de sa molher;
Aquesta es bona per ver
E es de via breviana,
108 Qui la vol fayre per setmana,
De mudamens e de mayzos,
De conhasta e de companhos.
La quarta es de sa eretat

112 E del paire que l'a engenrat,
D'orstz e de vinhas e de prastz
E dels cams e dels semenasiz
E d'autre[s] edificamens.
116 Cesta es molt bona per sembla-
[ment
E es bona per totas res,
Que desobre si parvent es
La letra de lu si repausa
120 Del nom e de tota autra causa.
La quinta es d'atrempament,
E puesc vos be dire coment;
E es plus mala que no es bona,
124 E per femna prenh se razona
E per filhs e per vestimens,
Manjars e beure ichement,
E de mesatge e d'escriptura,
128 E d'alegrier e de natura.
La 6 es d'emfermetat,
E es de perda e de maltat,
E de serventas e de sirvens,
132 De bestias e de laboramens
E de prejoniers e de ssers
E d'autras causas que es fiels.

89-90 Corr. *om* et *nom*, la forme *om* n'est pas sans exemple au cas régime. Pour le v. 89 qui est trop long on peut ou lire *santat*, ou supprimer *cors d'*. — 96 Vers trop court et qui s'accorde mal avec ce qui précède et ce qui suit. — 99 Faut-il corriger *de son aver*, leçon du poème précédent au v. 191 ? — 100 Corr. *perder* ; de même v. 288. — 103-108 Cf. le précédent poème, vv. 197-200. — 112 Suppr. *E* ; cf. le premier poème, v. 206. — 115 Cattan, ch. IV : « La quatrième maison..... contient naturellement les questions et demandes que l'on peut faire sur le pere, sur le grand-pere... sur les maisons, terres, vignes, jardins, prez, herbes et bois de leur appartenance ». — 116 Suppr. *per* ? — 117-20 Ces vers sont obscurs. Cattan ne nous est d'aucun secours. — 124 Ms. *ferazona*. — 128 Cattan, ch. V : « La cinquiesme maison..... contient proprement la signifiance des demandes que l'on peut faire sur un enfant... les demandes pareillement qui se peuvent mouvoir sur la façon de vivre, a sçavoir si ce que l'on boit ou mange sera profitable à la personne, s'il est bon de prendre habillemens neufs... si le messager viendra bientost et quelles nouvelles il apportera et mesme ce que contiennent les lettres. » — 131 Suppr. le premier *e* ou le second *de*. — 134 Corr. *que son fels* ? — Cattan, ch. VI : « La sixiesme maison..... contient

La 7 es ichement mala (*e*)   De sapiensas e de somgas
136 E es **maiors** (*sic*) de comunalha,   E d'omes de religion,
    Mas non ges tan com la 6ª,   160 E si de bona fe es hom;
    Per so tempra se de mala mena;   E siguifica ichement
    E es maiors (*sic*) de companhia   D'ome que non es a present
140 E de casament e d'amia   Se ja retornara en say
    E de bathalha e de plahc,   164 O sis volra estar de lay,
    Eyeimen d'ome que jast   De maestria e d'acuzansa
    El es malaust a la vegada,   E d'onor d'ome que a prezansa,
144 E demostra femna emprenhada;   Cals que ela sia la presona.
    E la letra de la metat   168 La mayzos es trempada e bona
    Del nom i pot esser trobat;   E de calqueus volhas servize
    Atressi es de forsament   . . . .
148 E de layron tot a present.   La desena es de senhoria
    La 8 es mala fort,   172 E d'ome que deja aver baylia
    Car es mayzon dels homes morst   E qui ab rei volha estar,
    E de tristeza e de dolor,   E es de vila e de mar,
152 De fadiament e de paor,   E demostra la region
    E es de heretat de mort,   176 Se ja profeytara o non;
    E aquesta es d'aytal sort   E la metat del mon es mesa
    De parer es e es de depta,   E es del mal atrempe presa.
156 E es del mal trempat quil repta.   Aquesta es d'aytal afayre,
    La .9. es de vias longas,   180 Mayon l'apela hom de mayre,

---

proprement toutes les demandes que l'on peult faire sur le faict des serviteurs
et servantes et autres subjects. Celles semblablement qu'on sçauroit proposer
sur quelques malades ou maladie... sur le menu bestial... » — 135 Voir
Cattan, l. II, ch. VII. Le rapport avec notre poème est assez vague. Citons
cependant cet alinéa : « Les demandes pareillement qui se peuvent faire
communement sur l'amie et sur quelque accord de mariage, si se consomment
ou non. » — 149 Cattan, l. II, ch. VIII : « La huitiesme maison..... autrement maison de mort, contient naturellement les questions et demandes que
l'on peut faire et proposer sur la mort ou maladie de quelqu'un, a sçavoir s'il
vivra longuement ou s'il mourra bientost. » — 157 Cattan, l. II, ch. IX :
« La neufiesme maison..... autrement maison de Dieu, contient naturellement
les questions et demandes qui se peuvent proposer sur les appartenances d'un
temple ou église..... Ceste maison contient aussi les demandes qui se peuvent
agiter sur le sejour et retardement que peult faire l'homme qui est en chemin. » — 170 Vers omis. — 171 Cattan, l. II, ch. x : « La dixiesme maison,
qui est l'angle du midi, ou maison de cueur du ciel (cf. v. 177).....Item, sur
le pape, empereur, roy, royne, prince, grands seigneurs. » La ressemblance
avec notre texte est bien vague. — 172 Corr. *d'om*. — *deja aver* est douteux :
on ne lit que *de*...*er*, le reste est effacé. — 173 *volha* est à peu près effacé.

i demostra laboramcnt
ri sels que fan tot a presen.
Li .xj. es d'aventura,
184 Si es bona o mala o dura,
E d'amix e de mal volens
E de tostz autres... samens;
Mayson l'apela hom d'amistansa,
188 E es molt bona, ses dopdansa,
E demostra peccat de sert
Que jes nol vol tener cubert.
La .xij., que es molt mala,
192 Que demostra lhui que davala
Jos en carcer tot a perfont
E las enamistastz del mon,
E bestia que es a cavalgar
196 E caval e bestia mular,
E de beutat mostra ades
Que plus non trobara apres.
La .xiij. es que demanda
200 E tot alegrier comanda,
E es de bona trempadura
E testimonia figura
De pra initat trastota
204 Pot hom i veyre, si i ve gota,
Per luy ayso que hom i quer;
La letra r i pot trober.
La 14 es tristeza (v°)
208 E say que es de mala trempesa;

De tot so de que hom espia
De l'autra part testimonia.
De letras te la y grezesca
212 Per so que tot lo mon acresca.
La 15 fay jugiazon
De trastota la question;
Ab l'u si te atresta be
216 Com am l'autre, c'aysi cove.

Incipit tractatus.

La letra senes [a]tayna
Quels noms trastostz divina;
Las autras letras son els signas,
220 Don me cove desora primas
Parlar de lor ses desturbier
De so que vol significar,
Mas 4 maizos de davan
224 Son d'aquo que es a presan;
Las autras 4 vos ai contadas
So d'aquo que es trespasat;
Las desostz son, a mon albir.
228 D'aquo que queres avenir.
Las signas de la geomancia
So .xvj., si non menton m.a,
Mas .xv. son en judjament
232 Or vos diray primieirament
Las semblansas e la fayson
De la primieira, com a nom,

---

183 Cattan, l. II, ch. xi : « L'unziesme maison..... naturellement contient
toutes les demandes ou propositions que l'on peult faire sur le faict d'un amy
ou d'une amie. » — 185 Ms. *e de mal volens o de ben volens*; je pense que les
quatre derniers mots sont une glose. — 186 avant *samens* je vois trois jam-
bages surmontés d'une barre. — 191 Cattan, l. II, ch. xii : « La douziesme
maison, appellée cadente de l'angle de midy, autrement maling esprit,
comprend naturellement la signification des questions et demandes qui se
peuvent mettre en avant et proposer sur le faict de la prison, de l'obscurité et
tenebres d'icelle et sur le prisonnier en elle detenu... Item, sur les gros ani-
maux, comme bœufs, chameaux... chevaux, mules, mulets, asnes et toutes
autres bestes de charge et de monture. » Cattan ne décrit que douze maisons,
comme le premier poème. — 200 E [iras]tot? — 203 Il y a dans le ms. *p*
surmonté d'*a*, puis *initat* ou *initat*; le premier et le quatrième jambage me
paraissent pourvus d'un accent. — 216 Corr. *aysi[s]*? Malgré la coupure
qu'indique le ms., le sens paraît relier ce vers aux suivants. — 219 *els* pour
en las? — 225 Corr. *que vos ai contat.* — 229 Suppr. *la.*

Aqui si com l'apelo li plusor;

236 Aries es son jugiator,
   E sol la ten en sa tenensa
   El mes d'april en sa presensa.
   Per aquo la met hom primieira
240 E molt es bona a gran maniera,
   ·E garda home sa e alegre,
   Trastotas res manda cosegre.
   Cant en la primieira vendra
244 A pendre tot comandara.
   En comprar bestias o jumentas
   Es bona molt e avinenta.
   La femna que hom ama primier
248 Acosec ses nulh desturbier,
   E es bona per companhia
   E per tota autra mercadaria,
   Acompra presans e maios
252 E sirventas e sirvens bos;
   E sel que ssi volra mudar
   De sa maio vol devedar,
   E sel que vol anar tost per via
256 Aquesta molt li contraria;
   Mas qui la via vol tarsar
   Encar s'i pot ben profechar.
   Als malautes es greu fortmen:
260 Sanc lor fay perdre a presen,
   Mas puehis retorno a santat;
   Eichement es depersonat;
   E la prenbs, cum que greu [li]sia,
264 Efantara en darayria
   Efant mascle e qui viurra;
   E s'om deu depta, cobrar l'a;

   E rei que va sobr' autre en ost
268 En batalha vensera tostz.
   Qui demanda a rei .js. causa
   Aver la pot ses tota nausa.
   D'alcun rei o d'alcun senhor
272 Sesta lhi dona seguror,
   E pren logar asetiat.
   Navegans troba tempestat;
   Furt se troba e rei servir
276 Es bon e pot s'en hom gausir;
                    (b)
   De rei o d'autre traspasar
   O de regemes veda far.
   Hom que es deforas torna tart.
280 Qui comta novas non es vertat.
   De perda o de mort sospieita
   D'aquo es ben vertatz eslecta,
   E de pecat e femna prenhs,
284 Tot ichement mesonja estren.
   E qui vol demandar de vida,
   Rica e longa lh'es pro merida.
   Hom que as autre trames aver,
288 Es bon, mas puehis lo pot perdre,
   Sel torna al travers say;
   E casamen es bo quil fay.
   Intrament de luoc e de regio
292 Primier es greu, mas puehis es
               [bon,
   E laus es bos e de plantat
   E de fromen ben abastatz,
   Mas non poira abastar gayre,
296 E a de luoc e de repaire
   Mercadiers e campiadors
   Que avers so el mon ausors,
   E signifia princeps e reis
300 E de part del mon las leis
   So c'om apela Orien,

---

235 Il semble nécessaire de supprimer *aqui*, mais où est le nom annoncé au v. précédent? La figure qui suit est, dans le ms., placée en marge. — 248 *ses*, ms. *set.* — 250 Suppr. *autra.* — 251 *A comprar*[r]? Mais que signifie *presans*? — 255 Suppr. *tost.* — 261 Ms. *sanetat.* — 273 Ms. *lo gar.* — 280 Vers trop long. — 288 Corr. *perder*; cf. la note du v. 100. — 289 Vers trop court. — 291 Suppr. le second *de*?

E de color tot a prezen
Blanc e vermelh, mesclat ab sor,
304 E doutz, sotzagre la sabor,
E las olors son saborosas
Las sanctas peyras presiosas.
De letras reten s e r
308 De comte .xxxj. per ver.
Se de comte faystz question
Sercatsz en la prima maizo ;
La demostra d'ome sa faytura
312 Que es un pauc gros per la cen-
[tura
E a la cara davant bela,
Mas un petit es pigosela ;
E es estrchs per las espallas,
316 Las fafias dels uelhs afondadas,
Mas bela ha l'esgardadura
E a un pauc breu la stadura,
Lo cap asaut, cor coraggos
320 . . . .
Hom es de cort, rei a senhor
O potestat o home alsor ;
El cap a plaga e la part dextra
324 E un' altra a la senestra,
E de mort d'ayga es escapastz
O es de femna molt amastz.

Mas er me coven que vos diga
328 En cada maio que signifia :
En la primeira vida bona ;

E qui vol gasanhar questiona
En la 2ª : trop aver
332 Demostra qu'el aura per ver ;
En la tersa sapiensa
E de sos parens bevolensa ;
En la 4ª gasanhar heretat
336 En qu'elh venra a profeitat ;
En la 5 pren de filh profeit
E certa d'eretat que leit ;
En la serena longa malautia,
340 Profiet de bestias tota via ;
En la 7ª bon cazamen,
Companhia e d'enimix vence-
[men.
En la 8ª a malaute mort
344 E gasanha sa heretat per sort.
La 9 tot a presen
Significa ben mudamen ;
La .x. profieh de senhors,
348 E gasanha gran aver de lor. (c)
En la .xjª. aventura bona
E bos amix ab ques rasona ;
E la 12 captivitat,
352 Profieh de bestias, paubretat ;
En la 13, qui va en carieira
Gasanha de senhor enquera ;
En 14 fey mostralh
356 Profiet d'aver am gran trebalh ;
En la 15 bona fi aura
A trastota ren que volra.

Cet extrait suffira, je l'espère, à satisfaire la curiosité du lecteur. Je donne maintenant la fin du traité qui, on en jugera,
semble dépourvu de conclusion. Il s'agit, dans cette fin, de la
signification des figures. Une figure, inscrite dans un cercle, est
placée en marge de chacun des paragraphes dont j'ai marqué le
commencement par des —. Je n'ai pas cru devoir repro-

311 Ici encore il faut supposer *om*. — 320 Vers omis. — 321 *a*, corr. *o*. —
329 Cf. ci-dessus, vv. 88 et suiv. — 333 Vers trop court. — 335 Trop long,
corr. *gran b.*? — 339 *serena*, pour *sezena* ou *seizena*, sixième. — 342 Vers
trop long ; faut-il supprimer d'*enemix*? — 343 Corr. *m. fort*? Cf. *v.* 149. —
344 Suppr. *sa*? — 346 *bon*, corr. *bon*?

duire ces figures. Le lecteur peut se les imaginer à son gré : le texte n'en sera ni plus clair ni plus obscur. Je m'abstiens désormais de proposer les corrections que la mesure réclamerait. Remarquons que les paragraphes sont accouplés deux par deux. Ainsi, un paragraphe qui commence par *D'alegria e de tristeza* est suivi d'un autre dont le premier vers est *De tristeza e d'alegria*, et ainsi de suite.

(Fol. 121 v°)

Cant ieihs de donzel e blancor
Hom defora ve tota hor
Bona companha e cazamen
E per comprar bon ichemen,
E tuh lhi camps on son lhi blatz
Lor dezir es can pluja asastz.
— Cant ieihs de blanc e de donzela [1]
Paor de perda fai mostrazo,
E es bo per draps rois comprar,
Aur (?) o froment de tal afar
E crus vermelhs et a fin bon,
Enemistat torna a bon.
— D'alegria e [de] tristeza
En pessamen mostra destreisa
D'enemicx o d'acusadors,
En cauza de femna mostra paor;
Sirvens mostra invidios
Que lei non tenon fastijos;
En gazanhar aver es mal
E per cazamen atrestal.
— De tristeza e d'alegria
Bon cazamen trastota via,
E manda dire veritat
Davan rei, o fai demostrat
De mala via e de mudamen;
Trastot aisso que volh pren.
— De portal alsat e de reversat
Paor demostra re maltat [2],
E cazamen non es ges bon,

Baralha mostra e partizon,
A tota ren pren victoria
Ha bona fin e ab gran gloria.
— De portal reversat e alsat
Aisso demostra alegretat,
Cazamen bon e companhia,
Mudamens fai bon e la via.
— De conjunctio e de via
Cazamen bon e companhia,
Carrieira mala, mas pueihs bona,
E malaute per mal razona,
E so que hom demanda pren,
E demostra tot ichemen
Ajustar aver veramen
De mainada e de cazamen.
— De via e de conjunctio
Cazamen bon e mudazo,
E so que hom demanda pren,
E pres e malaute a guerimen.
— Cant ieihs de pople e de carcer
Aquesta mostra a far altre,
E prenhs mostra que es molt granada
Cazanhar (*sic*) ditz tota vegada
A tota fin mostra maltat.
— Cant ieihs de carcer e de poble,
Gazanli de mercadura noble
E de bestias de .iiij. pes
So que hom demanda pren ades,
E coferma l'esperaosia,
D'erms e dezertz fai demostransa.

---

1. Il paraît manquer deux vers. — 2. Il y a *remaltat* en un mot ; je suppose qu'il faut *e maltat* ; on a déjà vu *maltat* au v. 130 et on le rencontrera encore dans les derniers vers.

Le reste de la page contient des règles formulées en latin pour pratiquer la géomancie, avec figures. Il s'agit surtout, dans ce morceau, de la construction des maisons astrologiques, qui sont, comme dans Cattan, qualifiées de meres, filles, nièces. En voici le début :

> Si tu vis operare de geomancia, debes facere quatuor lineas quater, quemadmodum digiti sunt ordinati in manu, ut sunt ille que sunt ad latus hujus figure[1], et postea facere, ut dictum est supra, scilicet conjungere duos et duos punctos incipiendo semper a dextris, et quod remanebit in fine ad punctuandum, nota utrum sit unus punctus vel duo, et sic ex illis 4 lineis compone unam domum et ex aliis 4 lineis aliam, etc., ex quibus 4 quater lineis componuntur 4 matres in primo loco hujus figure posite.....

PAUL MEYER.

P. S. Le nom de l'astrologue arabe à qui « *Hugo Satiliensis* » a emprunté la matière de son traité de géomancie m'avait paru bizarre, et j'ai exprimé (p. 250) un soupçon sur l'authenticité de la forme *Alatrabulucus* sous laquelle le ms. de Florence nous l'a transmis. Ce soupçon était mal fondé, et je m'empresse de le retirer. M. H. Derenbourg, le savant professeur d'arabe de l'École des langues orientales, à qui je communiquai, un peu tardivement, mes doutes à cet égard, voulut bien m'apprendre qu'au contraire *Alatrabulucus* est un nom très correct qui signifie « le Tripolitain », que, de plus, on connaît deux personnages ayant ce surnom (en arabe *Tarâboulousî* ou *Atrâboulousî*) qui ont écrit sur la géomancie, et il me renvoie au Catalogue des mss. arabes de Berlin (par le prof. Ahlwardt), III (1891), 545-6 et 548.

---

1. Les lignes auxquelles l'auteur renvoie sont disposées comme dans le poème ci-dessus (p. 267, après le v. 38), c'est-à-dire que l'on compte les points de droite à gauche.

MÉLANGES

FRAGMENT DU *VALLET A LA COTE MAL TAILLIEE*

Le n° 934 des nouvelles acquisitions françaises de la Bibliothèque nationale est un recueil factice formé de feuillets isolés
ou même de débris de feuillets retirés d'anciennes reliures. J'en
ai fait une description assez détaillée pour le *Bulletin de la
Société des anciens textes français* (2ᵉ cahier de l'année 1896).
Entre ces fragments se remarquent deux feuillets à double
colonne, qui sont de la même écriture et ont certainement
appartenu au même manuscrit. L'un de ces feuillets contient un morceau des « Trois aveugles de Compiègne », fableau
publié en dernier lieu dans le tome I du recueil de M. de Mon-
taiglon ; l'autre renferme les 144 vers dont le texte suit. Ayant
reconnu sans peine que ces vers appartenaient à un roman de
la Table ronde, et que ce roman n'était aucun de ceux qui ont
été publiés jusqu'à ce jour, je communiquai ma copie à
G. Paris, qui a déterminé avec exactitude la provenance du
morceau et l'a jugé assez intéressant pour lui consacrer la
note imprimée plus loin. Il serait à souhaiter qu'une heureuse
rencontre nous rendît quelque nouveau fragment du poème
dont nous avons ici à peu près le début. Ce hasard se produira
peut-être un jour, car si le manuscrit dont la Bibliothèque
nationale a recouvré deux feuillets a été dépecé par un relieur,
tous les livres à la reliure desquels il a servi ne sont peut-être
pas irrévocablement perdus. C'est à Troies, comme je l'ai dit
dans le *Bulletin*, que les deux feuillets subsistants ont été
trouvés. P. M.

« Au miex i voeil je remanoir	Li rois l'oï et si s'en rist ;
« De dras et d'armes et d'avoir. »	4 Cuida faus fu[st], et qu'il desist

----

4 *faus* pour *fous*.

Itel parole par folie ;
En son parler bien le chastie :
« Amis », fait il, « ja mais nel dire,
8 « Que je ne pregne vers toi ire.
« Chevaliers ai plus de .ij. mile,
« De bour, de chastel et de vile;
« N'i a celui, ce m'est avis,
12 « Qui n'ait ermine, vair et gris,
« Riches armes et bon conroi
« Por bien servir a court de roi.
« Ja envers toi ne me quier taire :
16 « S'autre service ne sés faire,
« Por chevalier de ma maisme,
« Amis, ne vos retenrai mie. »
Li vallès l'ot, molt fu dolens,
20 Et de respondre ne fu lens.
En haut li dist par grant franchise :
« Rois, tu n'as soing de mon ser-
[vise.
« Ne te dirai honte grignour,
24 « Mais g'irai querre autre si-
[gnour. »
Plus tos[t] que puet d'ilec se
[tourne ;
Onques ne se fist mat ne mourne.

Tout maintenant ist de la sale,
28 Par mi les degrés s'en avale,
Et quant il fu en mi la place,
Il n'i voit riens qui bien li face,
Car li garçon de la cuisine
32 (Cui Dieu mete en grant dece-
[pline !)
Li orent son cheval chacié
De la ou il orent laissié.
Dusc'as cuisses en .j. margas ;
36 Sachiés qu'il [nel] tint mie a gas.
Molt li firent grant mesestance :
(b)
Son escu, s'espee et sa lance

Atachierent a son cheval ;
40 Au resachier li fist molt mal.
Ne cuit pas que il traire en puisse
Son cheval que il ne l'escuisse.
A molt grant paine trait l'en a,
44 Mais la grant force li aida.
Il est montés ; d'iluec s'en part :
Son oirre tourne d'autre part.
O le roi est tournés Gauvains
48 Qui a pié n'a cheval n'est vains ;
Molt bel le prist a chastoier :
« Rois, or te voi affaibloier
« Et ta grant court et ta poissance.
52 « Encor en avras tu pesance
« Quant le vallet n'as retenu
« Qui devant nous s'est contenu
« Molt belement dedens ta court,
56 « Ja soit ce que il ne s'atourt
« A nostre us, mais, par aventure,
« Telx est ses us et sa coustume.
« Es dras ne gist pas la prouece.
60 « Rois, sel retien par ta largece,
« Car trop avés mal esploitié
« Quant vous l'avés si eslongié.
— Biax niés Gawain, sel retenés ;
64 « En vostre route le tenés, »
Fait li rois, « je le [vos] otroi,
« Biax niés Gawain, et sel vos
[proi. »
Gawains l'entent ; molt li fu bel.
68 Devant lui vit .j. damoisel,
.J. brun vallet entrepelé ;
Par son droit non l'a apelé :
« Vallet, » fait il, « a moi entent,
72 « Je te proi par afaitement,
« Va tost, de moie part retien (c)
« Le chevalier tout sans engien.
« Garde que tu ne repairier
76 « S'aies trouvé le chevalier. »
De son seigneor part, de la table,

---

33 *chacié* est récrit sur grattage. — 34 Corr. *De la ou il l'avoit l.* ? ou peut-être y a-t-il une lacune entre *il* et le mot suivant. — 44 *la*, corr. *sa* ? — 57 *nostre*, ms. *vostres*, en abrégé. — 58 Corr. *nature* ? — 60 *sel*, ms. *ses*.

Plus tost que peut vint a l'estable,
Si trueve .j. enselé destrier,
80 Deseure est montés par l'estrier;
Le vallet sieut grant aleûre
A l'entrer de la lande obscure
L'a conceû fors de la rue.
84 De par son signour le salue :
« Sire », fait il, « enten a moi :
« Gauvains li preus m'envoie a
[toi,
« Qui flours est de chevalerie;
88 « Sor tous porte la seignourie;
« Ne sai si loial ni entier,
« Car c'est li mieudres sans ten-
[cier
« Qui onques portast entresaigne
92 « Dedens la terre de Bretaigne.
« Engrans est de vos retenir;
« Si vos prie que, sans falir,
« Sire soiiés de sa maisnie. »
96 Cil a la cote mal taillie,
Qui ne fist mie a anuier,
A respondu a l'escuier :
« Or sui a mon voloir venus
100 « Quant del millour sui retenus
« Qui soit et que nus sache dire
« Sour trestous ciax de cest em-
[pire.
« Pour sa bonté, pour sa· fran-
[chise,
104 « Li otroi moi et mon servise.
« Alés arriere; se li dites
« S'estoie moisnes ou ermites,
« Qui onques se deûst doloir,
108 « Pour que il fust a son voloir,
« je gerpiroie l'ermitage   (d)

« Pour reconnoistre son corage,
« Sa courtoisie sa proece
112 « Et sa valour et sa noblece. »
Ne font plus lonc plait ne atour;
Andoi se sont mis au retour.
Un peu chevauchierent ensamble.
116 Dist li escuiiers : « Ce me samble
« Que bien seroit, s'il vous pleûst,
« Que messire Gawains seûst,
« Biax sire, vostre demourance.
120 —Molt as bien dit, par ma creance.
« Va, de moie part le salue,
« Et se li conte ma venue. »

Li escuiiers devant s'en vait,
124 Le chevalier arriere lait;
De lui se part et bonnement
A son signour en vint briefment
La ou il est en une chambre
128 Qui estoit toute faite a lambre.
Au mengier servoit la roïne,
Qui de biauté ot coulour fine ;
D'eures en autres, de bon vin
132 Li donnoit a .j. maserin.
Glorieusement le servoit,
Qu'en la court chevalier n'avoit
Qui tant fust sages ne hardis;
136 Molt estoit bien amanevis.
Li escuiierz son signour voit;
Cele part est venus tout droit ;
Par le pan de la plice hermine
140 A soi le trait ; partout l'encline.
Si li a conté son message :
« Sire », fait il, « tout le plus sage
« Chevalier que veïsse mais
« Vous amain ci en bonne pais. »

Le fragment ci-dessus est intéressant parce qu'il appartient à un roman « biographique » en vers, dont l'existence était assurée, mais dont on n'avait jusqu'à présent retrouvé aucun vestige sous la forme poétique. C'est le roman de *Brunor* ou du

---

102 *Pour*, corr. *Sour ?* — 127 *est*, corr. *ert*. — 140 *partout*, corr. *parfout*.

Vallet a la cote mal tailliee. Ce roman, très altéré d'ailleurs et
développé d'une façon que ne prévoyait sans doute pas son
auteur, a été inséré dans la grande compilation du *Tristan* en
prose, et s'y présente sous des formes diverses, suivant les manuscrits. Cette partie du *Tristan* a été jadis étudiée avec plus de
zèle que de succès par Brakelmann (*Zeitschrift für deutsche Phi-
lologie*, t. XVIII, p. 81 ss.), qui lui attribuait pour la classifica-
tion des rédactions une importance exagérée. M. Löseth a fort
bien reconnu qu'elle repose sur un roman biographique perdu
(*Le Roman en prose de Tristan*, p. 59, n. 2). Je renvoie à son
analyse si soigneuse et à la table de M. Oskar Sommer dans
son édition de la *Morte Arthur*, de Malory, ceux qui voudraient
connaître la suite de l'histoire de Brunor. Il y a là diverses
questions assez difficiles à résoudre, dont l'examen m'entraînerait
beaucoup trop loin.

Je veux seulement rapprocher le fragment conservé du poème
de ce qui lui correspond dans le roman en prose [1]. Ici comme
là nous voyons le jeune héros du récit se présenter à la cour
d'Arthur et lui demander un don que le roi lui refuse : dans le
poème, c'est d'être retenu de la *mesnie* du roi (v. 1-2, 17-18),
— car il est déjà chevalier (v. 74, 76, 124, 143); dans le
roman, c'est d'être armé chevalier, car il n'est encore que *vallet*
(au reste, dans le poème, il est appelé aussi *li vallés*, v. 19,
53, 81). — Notre fragment l'appelle, à un endroit (v. 96), *cil
a la cote mal taillie*, et on voit par les paroles de Gauvain
(v. 56-59) qu'il avait mérité ce surnom (personne ne con-
naissait son nom) par la singularité de son costume (voy.
Löseth, § 66). Ce surnom, d'après le roman, lui avait été
donné par le sénéchal Keu, et il en devait être ainsi dans le
poème, Keu jouant le même rôle dans plus d'une occasion ana-
logue. — Le roi refuse d'accueillir la demande de l'inconnu,
dans le *Tristan*, parce qu'il ne connaît pas son extraction; dans
le poème, autant qu'on peut en juger (v. 16), parce que le
service qu'il se dit en état de faire ne paraît pas justifier cette
faveur. — Un des plus haut placés parmi les chevaliers d'Arthur intercède avec succès, bien que d'une façon assez différente, pour l'inconnu, dans la prose comme dans les vers;

---

1. Tout le début est très abrégé dans Malory, qui n'en a guère conservé
que le surnom de *la cote mal tayle* donné au héros par Keu.

mais dans les vers c'est Gauvain, et dans la prose c'est son frère
Gaheriet. Ce changement est dû au rédacteur du *Tristan*, qui
s'est plu, comme on sait, à transformer le preux Gauvain,
modèle, jusqu'à lui, de toutes les vertus, en un type de méchan-
ceté, de perfidie et de bassesse, tandis qu'il fait de Gaheriet
le portrait le plus élogieux.

On voit par ce rapprochement trop court que le rédacteur du
Tristan a fait subir à l'œuvre qu'il englobait dans sa compilation
des modifications graves et nombreuses. Il est probable qu'il en
était de même pour la suite. Le roman biographique du *Vallet
a la cote mal tailliee* devait ressembler à plus d'un autre : on y
voyait le héros, de nom et d'origine inconnus, à peine arrivé
à la cour d'Arthur, se charger d'une aventure que personne
n'osait entreprendre, et pour laquelle une demoiselle était
venue demander un champion ; la demoiselle s'indignait de la
présomption de cet inconnu et l'accablait de ses railleries
(dans notre roman, elle portait le nom caractéristique de la
demoisele mesdisant) ; mais à mesure qu'il avait l'occasion de
montrer sa valeur, elle changeait de sentiments à son égard ;
finalement, il venait à bout de l'aventure et épousait la jeune
fille qui était le prix du succès (dans notre roman, la *demoisele
mesdisant* elle-même). C'est, au moins pour le début, l'histoire
du *Bel Inconnu* ; c'est aussi celle du *Beau Mauvais*, dont le
roman, perdu également dans sa forme première, nous a été
conservé pour le fond dans la compilation de Malory [1].

Le fragment qui nous est parvenu du *Vallet a la cote mal
tailliee* atteste donc une fois de plus l'utilisation de poèmes
antérieurs par les compilateurs des grands romans en prose et
nous montre en même temps avec quelle liberté, généralement
malencontreuse, ils traitaient leurs originaux.

G. P.

---

1. Le surnom de *Beau Mauvais* doit certainement être restitué au héros du
livre VII de Malory ; celui-ci l'appelle *Beaumayns* et explique par *Fair hands*
le sobriquet que lui donne Keu (comme au *vallet a la cote mal tailliee*) ; mais il
a mal lu et mal compris son original. Le *Beau Mauvais* joue un rôle épiso-
dique dans divers poèmes, par exemple dans *Escanor* et dans *Claris et Laris*.
D'après Malory, son vrai nom était Gareth, et c'était un des frères de Gauvain
(Gaheriet ou Guerrès ?) ; mais cette identification peut bien être du fait du
compilateur anglais. La demoiselle qu'il épouse est appelée Lyonesse ; dans
Escanor figure l' « amie » du *Beau Mauvais*, qui est nommée Honerete.

www.ingramcontent.com/pod-product-compliance
Lightning Source LLC
LaVergne TN
LVHW022153080426
835511LV00008B/1380